JN023402

FP教本

年金・社会保険

目　次 contents

第2章 公的年金

第1節 公的年金の特徴

第2節 国民年金

第3節 厚生年金保険

第4節 老齢給付（1）老齢基礎年金

第5節 老齢給付（2）老齢厚生年金

〈和暦および西暦の表記について〉

　本テキストでは、本文において、西暦表記としている箇所がございます（必要に応じて和暦と西暦を併記しています）。

　それに伴い、下記の〈和暦・西暦比較早見表〉を掲載いたしますのでお役立てください。

〈和暦・西暦比較早見表〉

西暦	和暦	西暦	和暦	西暦	和暦
1945年	昭和20年	1977年	昭和52年	2008年	平成20年
1946年	昭和21年	1978年	昭和53年	2009年	平成21年
1947年	昭和22年	1979年	昭和54年	2010年	平成22年
1948年	昭和23年	1980年	昭和55年	2011年	平成23年
1949年	昭和24年	1981年	昭和56年	2012年	平成24年
1950年	昭和25年	1982年	昭和57年	2013年	平成25年
1951年	昭和26年	1983年	昭和58年	2014年	平成26年
1952年	昭和27年	1984年	昭和59年	2015年	平成27年
1953年	昭和28年	1985年	昭和60年	2016年	平成28年
1954年	昭和29年	1986年	昭和61年	2017年	平成29年
1955年	昭和30年	1987年	昭和62年	2018年	平成30年
1956年	昭和31年	1988年	昭和63年	2019年	平成31年
1957年	昭和32年	1989年	昭和64年		令和元年
1958年	昭和33年		平成元年	2020年	令和 2 年
1959年	昭和34年	1990年	平成 2 年	2021年	令和 3 年
1960年	昭和35年	1991年	平成 3 年	2022年	令和 4 年
1961年	昭和36年	1992年	平成 4 年	2023年	令和 5 年
1962年	昭和37年	1993年	平成 5 年	2024年	令和 6 年
1963年	昭和38年	1994年	平成 6 年	2025年	令和 7 年
1964年	昭和39年	1995年	平成 7 年	2026年	令和 8 年
1965年	昭和40年	1996年	平成 8 年	2027年	令和 9 年
1966年	昭和41年	1997年	平成 9 年	2028年	令和10年
1967年	昭和42年	1998年	平成10年	2029年	令和11年
1968年	昭和43年	1999年	平成11年	2030年	令和12年
1969年	昭和44年	2000年	平成12年	2031年	令和13年
1970年	昭和45年	2001年	平成13年	2032年	令和14年
1971年	昭和46年	2002年	平成14年	2033年	令和15年
1972年	昭和47年	2003年	平成15年	2034年	令和16年
1973年	昭和48年	2004年	平成16年	2035年	令和17年
1974年	昭和49年	2005年	平成17年	2036年	令和18年
1975年	昭和50年	2006年	平成18年	2037年	令和19年
1976年	昭和51年	2007年	平成19年	2038年	令和20年

第 **1** 章

社会保険

社会保険制度の全体像

　病気やケガなどに遭遇した本人やその家族、遺族に対して、国などからさまざまな保障が確保されている。その中核をなすものが、社会保険制度である。具体的には、医療、年金、介護、失業、労働災害に関する制度等がある。

　病気、ケガ、出産、老齢、障害、死亡、要介護状態、失業等で経済的に困窮しないように、生活の安定を図るための各種制度を「広義の社会保険」という。

　このうち、労働者災害補償保険（労災保険）、雇用保険を「労働保険」と称し、これらを除いた健康保険、公的年金、介護保険を「狭義の社会保険」と呼んでいる〔図表1−1〕。

〔図表1−1〕社会保険の分類

狭義の社会保険	健 康 保 険	業務外の事由による病気・ケガ、出産等に対する給付
	公 的 年 金	老齢・障害・遺族に対する生活保障（年金等の給付）
	介 護 保 険	要介護状態や要支援状態に対する給付
労働保険	労働者災害補償保険	業務上の事由または通勤によるケガ・病気、休業、障害等に対する給付
	雇 用 保 険	求職者（失業）、雇用促進、雇用継続等に対する給付

(1) 医療保険（国民健康保険・健康保険等）

　病気やケガなどで治療を要する人に給付を行う。また、出産、死亡の場合に一定の基準によって給付を行う。

(2) 年金保険（国民年金・厚生年金保険）

　老後の収入の確保・安定のため、一定年齢以上に達した人に老齢年金を給付する。また、身体に障害を残す場合には障害年金、死亡の場合には遺族への遺族年金などの給付がある。

(3) 労働者災害補償保険

　業務上または通勤途上の病気やケガで治療を要するとき、または治癒後に障害が残ったときや、死亡に至ったときにそれぞれの規定によって給付する。

(4) 雇用保険

　諸般の事情から職を失った人や雇用の継続が困難な人、育児や介護で休業中の人などに、一定期間給付を行うことによって、その人の生活および雇用の安定を図る。

(5) 介護保険

　要介護状態や要支援状態になったときに介護サービスを行う。

❶ 各保険制度の関係

　それぞれの保険制度は、目的を別にしているが、補償範囲という意味ではときおり重複し、厚生年金保険と労災保険のように双方から給付が受けられる場合もある。また、健康保険と労災保険のように、補償範囲としては重複していても、保険事故が起きた事由が業務上のものであるか否かによっていずれの制度から支給されるかが決まるものもある。健康保険は業務外の病気やケガには支給されるが、原則として業務上および労災保険制度上の通勤途上の病気やケガには支給されない。労災保険は、その逆である〔図表1－2〕。

　また、重複して受給権が発生する場合でも、どちらかが優先されたり、一部のみしか支給されない場合もある。これを併給調整という。さらに、保険による給付と第三者への損害賠償請求権が重複する場合、保険者が損害賠償請求権を代位取得するなどの規定がある。

(1) 労災保険の年金給付等と国民年金、厚生年金保険との調整

　労災保険の年金給付等が行われる場合、同一事由に関して国民年金や厚生年金保険の給付が行われるときは、労災保険の給付が減額調整され、国民年金や厚生年金保険の給付は全額支給される。ただし、厚生年金保険の障害手当金を受けることができる者が、同一事由による労災保険の障害（補償）給付を受けることができる場合は、労災保険給付金が全額支給され、厚生年金保険の障害手当金は支給されない。

〔図表1-2〕社会保険の種類と補償範囲

適用 保険事故			民間会社員			自営業者 等	
			業務上	業務外			
				通勤	その他		
出		産					
負		傷	労働者災害補償保険	健康保険		国民健康保険	
疾		病					
死	埋	葬					
亡	遺	族				国民年金	
障		害					
老		齢	厚生年金保険・国民年金				
失		業	雇用保険				
介		護	介護保険				

(2) 雇用保険と厚生年金保険との調整

特別支給の老齢厚生年金の受給権者が雇用保険の基本手当を受ける間は、基本手当が優先され、特別支給の老齢厚生年金は支給停止される。

また、在職老齢年金を受給している65歳未満の者が、雇用保険の高年齢雇用継続給付を受給するときには、そのときの標準報酬月額と60歳到達時賃金の比率に応じて、在職老齢年金に対して、さらに一定の調整が行われる。

(3) 労災保険給付と損害賠償との関係

業務上の災害が第三者によって引き起こされた場合、被災者である従業員には、労災保険と加害者のそれぞれに対して請求権が発生する。しかし、この請求権がともに満たされると、損害が二重にてん補されることになりかねないので、労働者災害補償保険法で次のように規定している（なお、同様の規定は、健康保険、国民年金、厚生年金保険にもある）。

① 同一の事由について損害賠償が先に行われたときは、その価額の限度で政府は労災保険給付義務を免れる（災害発生後7年を限度）。

② 労災保険給付が先に行われたときは、その価額の限度で同一の事由について被災者の有する損害賠償請求権を政府が代位取得する（災害発生後3年を限度）。

❷ 社会保険の加入

社会保険は、強制加入を原則としている。

(1) 健康保険、厚生年金保険 ──────────

① 被保険者

　適用事業所（法人の事業所はすべて、第一次産業・サービス業などを除く個人経営は常時5人以上の従業員がいる事業所）に使用される者（後期高齢者医療制度の被保険者等を除く）は、原則として被保険者となる。パートタイマー（短時間就労者等）も、要件を満たせば強制的に被保険者となる。なお、健康保険、厚生年金保険の適用拡大により、2022年10月より、パートタイマーが被保険者となるための要件が緩和された。具体的には、継続勤務期間の要件については1年以上の見込みから2カ月超の見込みに緩和され、一般従業員の要件と同じになった。また、事業所規模の要件については被保険者数が常時500人超から常時100人超に緩和された。さらに2024年10月には、事業所規模の要件が、被保険者数が常時50人超に緩和される。なお、ここでいう「被保険者数」とは、一般従業員の数と、〔図表1－3〕の①の要件（4分の3基準）を満たすパートタイマーの数を合計した数のことである。

　また、法人の役員も、事業所に使用される者として、被保険者となる。

　なお、医療保険については、全ての国民は、何らかの公的医療保険に加入することになっている。従って、健康保険、船員保険、共済組合などの被用者医療保険の被保険者、またはその被扶養者に該当しない場合は、後期高齢者医療制度の被保険者等である場合を除いて、原則として国民健康保険に加入しなければならない（年金保険については第2章参照）。

② 被扶養者

　健康保険等の被用者医療保険では、被扶養者制度が設けられ、被保険者に扶養される者は被保険者とほぼ同様の給付を受けられる。

　被扶養者に該当するのは、被保険者の**直系尊属**、配偶者（**内縁関係も含む**）、**子、孫、兄弟姉妹**で主として被保険者に生計を維持される人、または**上記以外の三親等内の親族で被保険者と同一の世帯に属し、主として被保険者に生計を維持される人**等（後期高齢者医療制度の被保険者等を除く）である。なお、ここでいう「生計を維持される」とは、次の基準で認定される。

a．認定対象者が被保険者と同一世帯（同居）の場合

原則として、認定対象者の年収が130万円未満で、かつ、被保険者の年収の2分の1未満であること。

b．認定対象者が被保険者と同一世帯にない（別居）場合

原則として、認定対象者の年収が130万円未満で、かつ、被保険者からの仕送額より少ないこと。

c．認定対象者が60歳以上または障害者（おおむね障害厚生年金を受けられる程度の障害者）の場合

原則として、上記a.b.の年収基準が180万円未満（年金受給額を含む）であること。

a．b．c．の年収基準となる収入には非課税とされる公的年金の遺族年金や障害年金、雇用保険の失業等給付（基本手当等やその他）、健康保険の傷病手当金なども含まれる。

なお、いわゆる「年収の壁」に関する当面の対応策として、2023年10月より、「年収の壁・支援強化パッケージ」の運用が開始され、その一つとして「事業主の証明による被扶養者認定の円滑化」が行われることとなった。これは、繁忙期に労働時間を延ばすことなどにより一時的に収入が増加し、年収が130万円以上になっても、事業主がその旨を証明することで引き続き被扶養者として認定するものである。

また、被扶養者については、日本国内に居住していること（日本国内に住民票があるこ

〔図表1－3〕短時間労働者（パートタイマー）の加入

健康保険 厚生年金保険	次のうち①②のいずれかに該当する場合は、短時間労働者であるパートタイマーも健康保険・厚生年金保険の被保険者となる。 ①1週間の所定労働時間および1ヵ月の所定労働日数が一般従業員の4分の3以上ある者 ②上記①に該当しなくても以下のすべての要件に該当する者 (※1) a 1週間の所定労働時間が20時間以上 b その事業所に2ヵ月を超えて以上継続して使用されることが見込まれること c 一定の計算方法により換算した月額給与が8万8,000円以上 (※2) d 学生等でないこと e 上記①の要件に該当する被保険者を常時100人超使用する事業所（特定適用事業所）に使用されていること、または100人以下でも社会保険の加入に関する労使合意があること（任意特定適用事業所）
労 災 保 険	適用事業所で働くパートタイマーはすべて対象となる
雇 用 保 険	原則として次の2つの要件を満たしたパートタイマーが雇用保険の被保険者となる ①1週間の所定労働時間が20時間以上 ②31日以上引き続き雇用されることが見込まれること

（※1）e.の「100人超」の要件は、2024（令和6）年10月1日に「50人超」に変更される。
（※2）賞与、残業代、通勤手当などは含めない

と）も要件の一つとされている。ただし海外に居住していても、国内に生活の基礎があると認められる者は、国内居住要件の例外として取り扱われる。たとえば以下の場合は、海外に居住していても、年収要件等を満たせば被扶養者となる。

①日本に居住している者の子が海外に留学する場合
②海外に赴任する被保険者に、配偶者や子が同行する場合

（2）労災保険、雇用保険

労働者を1人でも使用する事業所は、原則として業種に関係なく**適用事業所**となり、適用事業所に使用される者に制度が適用される。

なお、雇用保険においては、短時間就労者等（パートタイマー）の加入は、就労形態による〔図表1−3〕。労災保険においては、パートタイマーも含めてすべて適用労働者とされる。

（3）介護保険

市町村および特別区（市区町村）の区域内に住所を有する65歳以上の者（第1号被保険者）と、40歳以上65歳未満の医療保険の加入者（第2号被保険者）は、全員が加入しなければならない。

公的医療保険

① 公的医療保険の全体像

　日本における公的医療保険制度は、職域保険である被用者医療保険と、地域保険である国民健康保険の二本柱の枠組みである。

　原則として75歳以上の者は後期高齢者医療制度の対象とされる〔図表1－4〕。

　なお、被用者とは、「雇用されている者」である。

(1) 被用者医療保険

　被用者医療保険制度の代表的なものは、健康保険である。これには、保険者の違いによって、組合管掌健康保険と全国健康保険協会管掌健康保険（以下、「協会けんぽ」という）がある。

　組合管掌健康保険は、単独またはグループ会社で1つの組合を設立している単一組合と、同じ業種や同じ職種の複数の会社が集まって1つの組合を設立している総合組合とに分かれる〔図表1－5〕。小規模な健康保険組合や財政が窮迫している健康保険組合の再編・統合を図る観点から、同一都道府県内において企業・業種の枠を越えて形成する地域型健康保険組合の設立も認められている。一方、組合を設立するまでには至らない比較的小規模な事業所は、全国健康保険協会が保険者となって全体を束ね、協会けんぽを形成している。都道府県単位で支部を置き、それぞれの支部で財政運営している（保険料も都道府県別に設定）。

　被用者医療保険には、このほか、特定の職域のみに限った国家公務員共済組合、地方公務員共済組合、私立学校教職員共済などがあり、それぞれが医療保険事業を独自に行っている。

〔図表1-4〕公的医療保険の体系

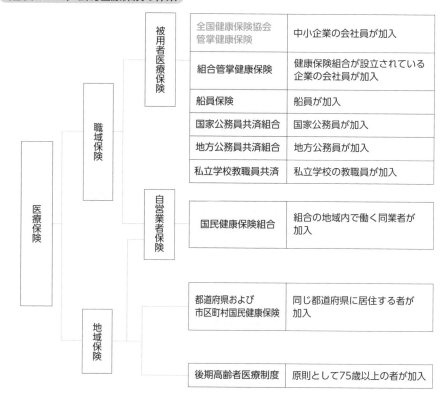

全国健康保険協会管掌健康保険	中小企業の会社員が加入
組合管掌健康保険	健康保険組合が設立されている企業の会社員が加入
船員保険	船員が加入
国家公務員共済組合	国家公務員が加入
地方公務員共済組合	地方公務員が加入
私立学校教職員共済	私立学校の教職員が加入
国民健康保険組合	組合の地域内で働く同業者が加入
都道府県および市区町村国民健康保険	同じ都道府県に居住する者が加入
後期高齢者医療制度	原則として75歳以上の者が加入

〔図表1-5〕組合管掌健康保険の単一組合と総合組合

	単一組合	総合組合
形態	1事業主が単独で設立する組合	同種同業の2以上の事業主が合同で設立する組合
認可基準	700人以上の被保険者が必要	3,000人以上の被保険者が必要

（2）国民健康保険

　国民健康保険は、被用者医療保険に加入していない者や農林水産業、自由・自営業者等の地域住民を対象とする制度である。

　ただし、国民健康保険にも、都道府県および市区町村が保険者として純粋に地域のみに

根ざしたものと、同種の事業または業務に従事する被保険者で組織されて1つの組合を設立している国民健康保険組合がある。

国民健康保険組合には、医師、弁護士、理美容、建設業などの組合がある。

健康保険と国民健康保険の違いは次のとおりである。

制 度	保険者	窓 口	加入対象者
健康保険	全国健康保険協会	・日本年金機構 ・全国健康保険協会の各都道府県支部	事業所で働く人とその被扶養者
	健康保険組合	健康保険組合	
国民健康保険	都道府県および市区町村	市区町村役場	自営業者などとその家族
	国民健康保険組合	国民健康保険組合	医師など同業の個人または法人で働く人とその家族

❷ 健康保険の仕組み

健康保険は、公的医療保険のうち、職域保険として一般被用者を対象とするもので、会社等の適用事業所の役員・従業員（被保険者）とその家族（被扶養者）の業務外、通勤途上外の病気、ケガ、死亡や出産等に対して保険給付を行う。

(1) 保険料

健康保険の保険料は、毎月の標準報酬月額（月収）と標準賞与額（賞与）に保険料を賦課する総報酬制となっている。

協会けんぽの保険料率（一般保険料率）は、**各都道府県支部により異なっている**。2024年（令和6年）3月分からの保険料率は1,000分の93.5（新潟県）〜1,000分の104.2（佐賀県）であり、これを労使折半して負担する。また、40歳以上65歳未満の介護保険第2号被保険者に該当する場合、**介護保険料率1,000分の16.0（全国一律）**が上乗せされ、その合計を**労使が折半**して負担する。なお、介護保険料率を除く部分（一般保険料率）は、基本保険料率（加入者に対する医療給付、保険事業等に充当）と特定保険料率（後期高齢者支援金等に充当）に分けられ、保険者が保険料率を提示する際に内訳を表示することとされている。

標準報酬月額は、毎月の給与の額を基に算定され、健康保険では、5万8,000円（1等

級）から、139万円（50等級）である。

　標準賞与額は、賞与の額の千円未満を切り捨てた額で、健康保険では、年度累計に573万円の上限が設けられている。

　（厚生年金保険では、標準報酬月額は 8 万8,000円（ 1 等級）から65万円（32等級）、標準賞与額は 1 カ月当たり150万円が上限となっている。）

　組合管掌健康保険では、保険料率や労使の負担割合は各組合が決める。ただし、被保険者の負担割合が 2 分の 1 を超えることはできない。

　また、産前産後休業期間中および育児休業期間中は、労使ともに負担が免除されている。なお、2022年（令和 4 年）10月より、短期の育児休業取得については、月内に 2 週間以上の育児休業を取得した場合にはその月の保険料を免除するとともに、賞与に係る保険料については 1 月を超える育児休業を取得している場合に限り、免除の対象となった。

(2) 給付の内容

　健康保険の給付にはさまざまなものがあるが、主要なものは以下のとおりである。

① 療養の給付（被扶養者は家族療養費）

　病気やケガをしたとき（業務災害・通勤災害を除く）、病院や診療所に被保険者証を提示すれば、診察、投薬、処置、手術、入院、看護（居宅、入院とも）など必要な医療を治るまで受けることができる現物給付である。

　ただし、被保険者本人、被扶養者とも、外来、入院を問わず、原則として 3 割の一部負担がある。なお、小学校就学前の児童（ 6 歳に達する日以後の最初の 3 月31日以前）の自己負担割合は 2 割、70歳以上75歳未満の者の自己負担割合は原則として 2 割（現役並み所得者は 3 割負担）である。

② 保険外併用療養費（被扶養者は家族療養費）

　大学病院などでの高度先進医療等、所定の「評価療養」や「患者申出療養」「選定療養」を受けたときは、一般治療と共通する基礎部分だけが保険外併用療養費として現物給付される。

　なお、特定機能病院や200床以上の地域医療支援病院等には、紹介状なしで受診する者に対して、選定療養として、初診で7,000円以上、再診で3,000円以上の負担を求めることが義務付けられている。

③ 療養費（被扶養者は家族療養費）

　やむを得ない事情で保険医療機関以外の医者にかかったり、保険医療機関でも被保険者証を提示できなかったとき、または海外で医者にかかったときなどは、本人が一時立替払

をし、請求により保険者から現金で払戻しを受ける給付である。

④ 入院時食事療養費（被扶養者は家族療養費）

入院時食事療養費は在宅療養の者との均衡と食事サービスの質の向上を目的とする給付で、入院時の食事療養にかかる平均的な費用の額から被保険者の食事療養標準負担額を控除した額が現物給付される。一般所得者の食事療養標準負担額は、1食当たり460円である（住民税非課税世帯は210円等）。

なお、食材費等の高騰を踏まえ、2024年（令和6年）6月1日より、一般所得者の1日当たりの食事療養費標準負担額は490円、住民税非課税世帯は230円に引き上げられる。

⑤ 入院時生活療養費（被扶養者は家族療養費）

入院時生活療養費は、介護保険との均衡を目的とする給付である。65歳以上の高齢者が長期間入院したときに食費および居住費の平均的な額から被保険者の生活療養標準負担額を控除した額が現物給付される。生活療養標準負担額は食費が1食当たり460円（住民税非課税世帯は210円等）、居住費が1日当たり370円である。なお、生活療養標準負担額の食費も2024年（令和6年）6月1日より入院時食事療養費の食事療養標準負担額と同様に引き上げられる。

⑥ 高額療養費（被扶養者も同一）

高額療養費は、1カ月の自己負担額が高額となった場合、一定の金額（高額療養費算定基準額＝自己負担限度額）を超えた額が支給される給付である〔図表1−6〕〔図表1−7〕。同じ月に、同一の医療機関（医科・歯科別、入院・通院別）で同一の診療を受け、

〔図表1−6〕70歳未満の高額療養費算定基準額

所得区分	70歳未満の高額療養費算定基準額	
	3回目まで	多数回該当（4回目以降）
①標準報酬月額83万円以上	252,600円＋（医療費−842,000円）×1％	140,100円
②標準報酬月額53万円以上83万円未満	167,400円＋（医療費−558,000円）×1％	93,000円
③標準報酬月額28万円以上53万円未満	80,100円＋（医療費−267,000円）×1％	44,400円
④標準報酬月額28万円未満	57,600円	44,400円
⑤低所得者（市町村民税非課税者等）	35,400円	24,600円

〔図表1-7〕 70歳以上の高額療養費算定基準額

所得区分	高額療養費算定基準額	
	個人単位（外来のみ）	世帯単位（入院含む）
①現役並み所得者Ⅲ 標準報酬月額83万円以上	252,600円＋（医療費−842,000円）×1％ 多数回該当：140,100円	
②現役並み所得者Ⅱ 標準報酬月額53万円以上83万円未満	167,400円＋（医療費−558,000円）×1％ 多数回該当：93,000円	
③現役並み所得者Ⅰ 標準報酬月額28万円以上53万円未満	80,100円＋（医療費−267,000円）×1％ 多数回該当：44,400円	
④一般所得者 （①〜③、⑤・⑥以外の者）	18,000円 年間上限：144,000円	57,600円 多数回該当：44,400円
⑤低所得者Ⅱ （市町村民税非課税者等）	8,000円	24,600円
⑥低所得者Ⅰ （一定の所得がない者）		15,000円

〔図表1-8〕 高額介護合算療養費（年額）

所得区分	介護合算算定基準額	
	70歳未満	70歳以上
標準報酬月額 83万円以上	212万円	212万円
標準報酬月額 53万円以上83万円未満	141万円	141万円
標準報酬月額 28万円以上53万円未満	67万円	67万円
標準報酬月額 28万円未満	60万円	56万円
低所得者Ⅱ	34万円	31万円
低所得者Ⅰ		19万円[※]

（※）介護サービス利用者が世帯内に複数いる場合は31万円

所得に応じた自己負担限度額を超えた分が払い戻される。70歳未満の場合、2万1,000円以上の額は、複数の医療機関の自己負担額を合算できる。また、同一の世帯で同じ月に2万1,000円以上の自己負担が2件以上生じた場合は、これらを合算して1世帯で自己負担限度額を超えた分が払い戻される。なお、70歳以上の場合は、2万1,000円未満の自己負

担でも合算できる。

　この制度は、長期の療養、入院などの場合には医療費が相当な高額になって被保険者の家計に大きな負担となるので、負担を軽減するために設けられている。また、当該療養があった月以前の12カ月以内に既に3回以上、同一の保険者から高額療養費の支払を受けているときは、4回目から所得区分に応じて自己負担限度額（高額療養費算定基準額）が軽減される（多数回該当）。ただし、70歳以上の低所得者の場合は、多数回該当の仕組みは設けられていない。

　高額療養費の対象となるのは、あくまでも健康保険扱いにおける自己負担分であり、差額ベッド代や先進医療にかかる費用など健康保険扱いの対象とならないもの（選定療養分・評価療養分）や、食事療養標準負担額、生活療養標準負担額などは含まれない。

　高額療養費は、本来は現金給付であるが、給付の現物化が進められている。「健康保険限度額適用認定証」を医療機関等の窓口に提示すれば、1カ月（1日から月末まで）の窓口での支払を自己負担限度額までにとどめることができる。「健康保険限度額適用認定証」は、全国健康保険協会の各都道府県支部や健康保険組合など加入する健康保険に申請することにより交付される[注]。

　また、マイナンバーカードを被保険者証として利用している場合は、医療機関等の窓口でマイナンバーカードを提示し、「限度額情報の表示」に同意することによって、「健康保険限度額適用認定証」を申請せずに、窓口での支払を自己負担限度額までにとどめることができる。なお、2024年（令和6年）12月2日より、現行の被保険者証の発行は終了し、基本的にはマイナンバーカードを被保険者証として利用することとなる。

　なお、介護保険にも、高額介護（予防）サービス費という、健康保険の高額療養費に相当する給付があるが、医療と介護の両方を受けると、自己負担の合計額が著しく高額になることがある。この場合には、負担の軽減を図る仕組みとして、高額介護合算療養費、高額医療合算介護（予防）サービス費という給付が設けられている。これは、1年間（前年8月1日から7月31日まで）の、高額療養費および高額介護（予防）サービス費が適用された後の自己負担額（食事療養標準負担額、生活療養標準負担額、差額ベッド代等を除く）の合計額が、基準額を超える場合に、超えた額が自己負担額の比率に応じて健康保険、介護保険から支給されるものである（ただし、基準額を超える額が500円以下の場合は不支給となる）。このうち、健康保険から支給される給付を高額介護合算療養費、介護保険から支給される給付を高額医療合算介護（予防）サービス費という。

注 70歳以上75歳未満で所得区分が一般所得者、現役並み所得者Ⅲの場合は、限度額適用認定証は交付されず、被保険者証と高齢者受給者証を提示することにより、窓口での支払を自己負担限度額までにとどめ

ることができる。

⑦ 訪問看護療養費（被扶養者は家族訪問看護療養費）

末期がん患者、難病患者、重度の障害者で、主治医が居宅において継続して療養を受ける状態にあると認めた者について、その医師の指示により、訪問看護ステーション（医療法人等で、厚生労働大臣の指定を受けた指定訪問看護事業者が設置する）から派遣される看護師や理学療法士などによる療養上のサービスを受けたときに給付される。

訪問看護療養費の額は、指定訪問看護に要する平均的な額を勘案して厚生労働大臣が算定した額から、被保険者、被扶養者が負担する基本利用料（自己負担分）を控除した額である。基本利用料は厚生労働大臣が算定した額の原則3割であるが、療養の給付（家族療養費）における自己負担割合と同様、年齢により異なる。

訪問看護療養費は、保険者が指定訪問看護事業者に直接支払うことができるので、事実上、現物給付の取扱いとなる。つまり、被保険者、被扶養者は、訪問看護を受けるごとに基本利用料を指定訪問看護事業者に支払い、その後、保険者から指定訪問看護事業者に訪問看護療養費が支給される。なお、被保険者等が負担した基本利用料は、高額療養費の対象となる。

⑧ 移送費（被扶養者は家族移送費）

被保険者または被扶養者が、療養の給付を受けるため病院または診療所に移送されたときに、その費用が支給される。

支給額は、最も経済的な通常の経路と方法により移送された場合の費用として、厚生労働省令により算定された額の範囲内での実費となる。被保険者や被扶養者が立替払を行い、あとから請求により保険者から現金で払戻しを受ける。

⑨ 傷病手当金（被扶養者にはない）

傷病手当金は、被保険者が病気やケガで就業不能となり、給与を受けることができないときに支給される。傷病手当金の支給額は、1日につき原則として、傷病手当金の支給を始める日の属する月以前の直近の継続した12月間の各月の標準報酬月額を平均した額の30分の1に相当する額[注1]の3分の2に相当する額[注2]である。支給を受けるためには、以下のa.～c.のすべてを満たす必要がある。

注1 5円未満の端数は切り捨て、5円以上の端数は10円に切り上げる。
注2 50銭未満の端数は切り捨て、50銭以上の端数は1円に切り上げる。

a．療養のためであること

病気やケガのために療養中であれば、健康保険扱いでない自費診療や自宅療養も含ま

れる。ただし、健康保険で診療外となる美容のための整形手術などは除外される。

b．労務不能であること

今まで行っていた仕事（代替的性格を持つ仕事も含む）に就けない状態であること。

c．4日以上休業したとき

療養のため、休業した日から連続した3日間の待期期間を置き、労務不能で4日以上休業した場合、その4日目から支給される。

支給期間は、支給開始日から通算して最長で1年6カ月間である（資格喪失後の給付については4．退職者向け公的医療制度を参照）。従来は、支給開始日から起算して最長で1年6カ月であったが、治療と仕事の両立の観点からより柔軟な所得保障ができるように、2022年1月1日より通算化された。なお、「1年6カ月間」の具体的な日数は、支給開始日から暦に従って計算する。たとえば、支給開始日が2024年7月4日の場合における通算1年6カ月間とは、2026年1月3日までの暦日数である549日間となる。

注 次の支払がある場合の注意点
- 給与の支給があるときは、給与の額が傷病手当金の額より少ない場合、その差額が支給される。
- 同一の傷病により、障害厚生年金の支給がある場合で、傷病手当金の支給要件を満たした期間と、障害厚生年金の受給期間が重複しているときは、障害厚生年金の額（同一の傷病による障害基礎年金が支給されるときはその合算額）を360で割った額が、傷病手当金の額より少ない場合は、その差額が支給される。
- 同一の傷病により、障害手当金が支給される場合は、その額に達するまで傷病手当金は支給されない。
- 被保険者資格喪失後に傷病手当金の支給を受ける場合であって、公的年金の老齢年金の支給がある場合は、老齢年金の額を360で割った額が傷病手当金の額より少ない場合は、その差額が支給される（被保険者期間中に傷病手当金と在職老齢年金の支給を受ける場合は、調整は行われず併給される）。

⑩ 出産育児一時金 （被扶養者は家族出産育児一時金）

被保険者または被扶養者が出産したときは、出産育児一時金または家族出産育児一時金が被保険者に支給される。出産育児一時金の額は、出産費用の平均額の推計等を勘案の上、2023年（令和5年）4月より8万円引き上げられ、1児につき50万円（産科医療補償制度[注1]対象出産でない場合は48.8万円）である。

なお、ここでいう「出産」とは、妊娠4カ月以上の出産をいい、生産（早産）、死産（流産）、人工妊娠中絶も含まれる。また、婚姻内外を問わない。

被保険者が医療機関に出産費を支払い、手続後に保険者から被保険者に一時金が支給される。加えて、直接支払制度[注2]や小規模施設などでの受取代理制度[注3]により、被保険者の窓口での負担軽減が図られている。

注1 産科医療補償制度は、分娩に関連して重度の脳性まひになった新生児の看護および介護と家族の経済的負担の補償を目的とした制度である。同制度に加入する分娩機関が取り扱う出産について1件当た

り1.2万円を拠出し、事故の際には、同制度より準備一時金が600万円、補償分割金が20年にわたり年間120万円が支給される。

注2 直接支払制度は、出産育児一時金の請求と受取りを、妊婦などに代わって医療機関等が行う制度。出産育児一時金が医療機関等へ直接支給されるため、退院時に窓口で出産費用を支払う必要がなくなる（50万円を超えるときには差額を支払う）。ただし、直接支払制度を導入するかどうかは、医療機関等の選択となる。また、直接支払制度が導入されている医療機関であっても、利用するか否かは妊婦が決めることができ、その旨を医療機関に申し出る必要がある。なお、保険者に対して、事前申請を行う必要はない。

注3 受取代理制度は、妊婦などが保険者に出産育児一時金の請求を行う際、出産する医療機関等にその受取りを委任することにより、出産育児一時金が医療機関等へ直接支給される制度で、出産予定日の2カ月前以降に、保険者に対して事前申請を行う必要がある。

⑪　**出産手当金**（被扶養者にはない）

被保険者が出産のために会社を休み、その間給与を受けられない場合は、出産日（出産が予定日より遅れた場合は出産予定日）以前42日（多胎妊娠のときは98日）から出産の翌日以後56日の範囲で、出産手当金が支給される。なお、傷病手当金も同時に受けられるときは、出産手当金が優先して支給され、傷病手当金の額が出産手当金の額よりも多い場合は、差額が傷病手当金として支給される。

出産手当金の額は原則として、1日につき出産手当金の支給を始める日の属する月以前の直近の継続した12月間の各月の標準報酬月額を平均した額の30分の1に相当する額の3分の2に相当する額である（資格喪失後の給付については、「4．退職者向け公的医療制度」を参照）。

⑫　**埋葬料・埋葬費**（被扶養者は家族埋葬料）

被保険者が死亡したときは、被保険者に生計を維持されていた者（親族・遺族に限らない）で埋葬を行う者（義務のある者）に5万円の埋葬料が支給される。死亡した被保険者にそのような者がいないときは、実際に埋葬を行った者に対し、埋葬にかかった費用（5万円が限度）が埋葬費として支給される（資格喪失後の給付については、「4．退職者向け公的医療制度」を参照）。

被扶養者が死亡した場合、家族埋葬料として被保険者に対して一律5万円が支給される。

例　題

Q:

　全国健康保険協会管掌健康保険の被保険者であるＡさん（40歳、標準報酬月額28万円）が2024年（令和6年）8月中に、病気による入院で85万円の医療費（すべて健康保険の保険給付の対象になるもの）がかかった。Ａさんは事前に健康保険限度額適用認定証の交付を受け所定の手続をした。この場合、
①Ａさんが病院に支払う自己負担額
②現物給付される高額療養費の額
はそれぞれいくらか。

A:

① 80,100円＋（850,000円－267,000円）×1％＝85,930円
② 850,000円×30％－85,930円＝169,070円

❸ 国民健康保険の仕組み

　国民健康保険は、都道府県に住所を有する全ての者（健康保険などの被用者保険や後期高齢者医療制度の適用を受ける者等を除く）を対象としている。つまり、自営業者、自由業者、農林漁業者等とその世帯に属する被用者保険等に加入していない者が被保険者である。被扶養者という制度はない。

　保険者は、都道府県および市区町村と、職域組合である国民健康保険組合である。

　給付の種類は〔図表1－9〕のとおりである。ほとんどの給付が健康保険に準じているが、一部、実施していない給付もある。医療費の自己負担割合は健康保険と同様である。

　保険料は、都道府県および市区町村が保険者である場合、居住地の市区町村により異なる。保険料は平等割（1世帯当たり）、均等割（世帯の被保険者数による）、所得割（世帯に属する被保険者の収入による）、資産割（世帯の資産による）の一部または全部の組合せで決められる。

　ただし、上限額があり、年間89万円（基礎賦課分65万円、後期高齢者支援金等賦課分24万円）までとされている。40歳から64歳までの場合は、これに介護納付金賦課分の17万円

〔図表1－9〕国民健康保険の主な給付

区　分		給付の種類
法定必要給付	傷病給付 （病気やケガをしたとき）	被保険者証の提示	療養の給付 保険外併用療養費 入院時食事療養費 入院時生活療養費 訪問看護療養費
		立替払のとき	療養費 高額療養費 移送費
法定任意給付	出産給付（出産したとき） （すべての保険者が実施している）		出産育児一時金
	死亡給付（死亡したとき） （ほとんどの保険者が実施している）		葬祭費 （葬祭の給付）
任意給付	病気やケガの療養のために休んだとき （市町村国保の一部と、多くの国民健康保険組合で実施している）		傷病手当金

が加わり、上限額が合計で106万円となっている。

　なお、2024年1月より、出産する被保険者の産前産後期間の保険料が免除されることとなった。具体的には、世帯の年度分の保険料から、出産予定または出産した被保険者について計算された保険料のうち、出産予定月の前月（多胎妊娠の場合は3カ月前）から出産予定月の翌々月までの期間に係る額が減額される。

❹ 退職者向け公的医療制度

　会社員の退職後の医療保障には、〔図表1－10〕のような選択肢がある。

（1）健康保険の任意継続被保険者制度

　次の場合には、健康保険の資格を喪失（退職）した後も引き続き**2年間**は、それまでの健康保険の被保険者になることができる。これを任意継続被保険者という。

① 被保険者期間が**資格喪失日の前日まで継続して2カ月**以上あること

② 資格喪失日から、原則として**20日以内に申請すること**（協会けんぽの場合は住所地の各都道府県支部へ、組合管掌健康保険は健康保険組合へ）

〔図表1－10〕会社員の医療保障

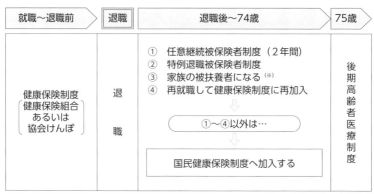

（※）所定の要件を満たし家族の被扶養者になれる者が対象。

保険料は決定された標準報酬月額（標準報酬月額の上限が変更される場合を除き、原則、変更されることはない）に保険料を乗じて計算され、介護保険料を含め全額自己負担であり、その基準となる標準報酬月額は、退職時の標準報酬月額と、その者が属している健康保険の全被保険者の前年の標準報酬月額の平均額のいずれか低いほうとなる。ただし、2022年（令和4年）1月1日より、健康保険組合では、規約に定めを設けた場合には、退職時の標準報酬月額が平均額を超える者について、「資格喪失時の標準報酬月額」または「当該健康保険組合における全被保険者の平均標準報酬月額を超え、資格喪失時の標準報酬月額未満の範囲内において規約で定める額」を、その者の標準報酬月額として保険料を算定することができるようになった。また、療養の給付を受ける場合の自己負担割合は、退職前の健康保険と同様（70歳未満の場合は3割）である。

なお、任意継続被保険者は、原則として資格喪失前と同じ内容の保険給付を受けることができるが、新たな傷病手当金および出産手当金は支給されない。

任意継続被保険者の資格は、任意継続被保険者となった日から2年を経過したときに喪失する。この場合の資格喪失日は、2年を経過した日の翌日である。この他の資格喪失事由としては、保険料を納付期日までに納付しなかったとき（納付期日の翌日）、再就職して健康保険等の被用者医療保険の被保険者となったとき（被保険者となった日）などがある（カッコ内は資格喪失日）。また、任意継続被保険者からの申出により任意継続被保険者の資格を喪失することもできる。この場合の資格喪失日は、任意継続被保険者でなくなることを希望する旨の申出が受理された日の属する月の翌月1日となる。

（2）特例退職被保険者制度

特例退職被保険者制度は、厚生労働大臣の認可を受けた健康保険組合（特定健康保険組合）が、一定の加入期間がある老齢厚生年金の受給権者などを対象に、国民健康保険を運営する市区町村に代わり独自に退職者医療を運営するものである。医療費の自己負担割合は健康保険と同様である。

（3）資格喪失後の保険給付

健康保険の保険給付は、原則、被保険者に対して行われるが、退職などにより被保険者でなくなった（資格喪失）後においても、一定の条件のもとに一部の保険給付が行われる。

① 保険給付を受けている者が資格を喪失した場合（継続給付）

資格を喪失する日の前日までに継続して1年以上被保険者であった者は、資格を喪失した際に現に受けている、または受けられる状態にある傷病手当金および出産手当金が引き続き支給される。この場合、傷病手当金は通算1年6カ月、出産手当金は原則、出産日（出産予定日）以前42日、出産日翌日以後56日の範囲内で、これらの期間から被保険者である間に既に支給を受けた残りの期間について支給される。ただし、資格喪失時から継続して支給されるものに限られる。たとえば、傷病手当金を受けていた者が、資格喪失後に一時的に労務可能となった場合には、再び労務不能となっても傷病手当金は支給されない。

② 資格を喪失した後に保険給付を受ける事由が生じた場合

死亡に関する給付と出産育児一時金の給付の2種類がある。

死亡に関する給付では、資格喪失後の継続給付を受けているか、継続給付を受けなくなってから3カ月以内、または、該当者の被保険者期間の長短に関係なく、資格喪失後3カ月以内に死亡した場合、埋葬料か埋葬費が支給される。なお、国民健康保険では死亡給付が支給されないこともある。

出産に関する給付では、資格を喪失する日の前日までに継続して1年以上被保険者であった者が資格喪失日後、6カ月以内に出産をした場合、被保険者として受けられる出産育児一時金が支給される。なお、出産手当金は支給されない。

⑤ 後期高齢者医療制度

原則として、国民健康保険や健康保険の被保険者が75歳になると、それらの被保険者資

格を喪失し、後期高齢者医療制度の被保険者となる〔図表1－11〕〔図表1－12〕。

(1) 対象者

　後期高齢者医療制度の運営主体（保険者）は、都道府県の区域ごとに区域内のすべての市区町村が加入する後期高齢者医療広域連合であり、その区域内に住所を有する75歳以上の者、または65歳以上75歳未満で一定の障害の状態にある旨の後期高齢者医療広域連合の認定を受けた者は、原則として独立した医療制度である後期高齢者医療制度に加入することになる。ただし、生活保護受給者等は適用除外となる。

　したがって、75歳になると、それまで加入していた国民健康保険や健康保険からは脱退となり、国民健康保険や健康保険の被保険者または被扶養者ではなくなる。なお、後期高齢者医療制度には「被扶養者」という概念はないため、健康保険の被保険者が後期高齢者医療制度に加入した場合、その者に扶養されていた75歳未満の者は新たに国民健康保険等に加入することとなる。

(2) 保険料

　保険料の額は、被保険者の前年所得に応じて計算される「所得割額」と、被保険者が均等に負担する「均等割額」の合計額となる。所得割額の計算に用いる所得割率や均等割額は、後期高齢者広域連合ごとに定められる。保険料の上限は年間73万円である。

　なお、所得が少ない世帯については、保険料の軽減措置が取られているが、以下のとおり、廃止、縮小の方向にある。

　所得割額の軽減は、2018年度（平成30年度）以降、原則として廃止されている。均等割額については、所得に応じて7割、5割、2割の軽減措置が設けられている。

　また、健康保険の被扶養者であった者の所得割額は、当面の間かからない。均等割額については、後期高齢者医療制度への加入から2年間に限り、5割軽減される。

(3) 給付

　受けられる給付は、健康保険における給付とほぼ同様である（傷病手当金などはない）。療養の給付にかかる一部負担金等の額が自己負担限度額を超える場合は、その金額が高額療養費として支給される。また、療養の給付にかかる一部負担金等の額および介護保険の利用者負担額（高額療養費または高額介護サービス費もしくは高額介護予防サービス費を控除した額）の1年間の合計額が基準額を超える場合は、高額介護合算療養費が支給される（②健康保険の仕組み（2）給付の内容を参照）。

〔図表1－11〕後期高齢者医療制度の概要

対象者	・75歳以上 ・65歳以上75歳未満で一定の障害がある者
保険者	後期高齢者医療広域連合
保険料負担	均等割額＋所得割額（減免措置あり・年間賦課限度額は73万円）
保険料納付方法	年金からの天引き、口座振替(※1)
自己負担割合	1割（一定以上所得者は2割、現役並み所得者は3割）(※2)
財源	公費5割（国：6分の4、都道府県：6分の1、市区町村：6分の1） 後期高齢者支援金4割（国保・被用者保険） 被保険者の保険料1割
給付	療養の給付／入院時食事療養費／入院時生活療養費／保険外併用療養費 ／訪問看護療養費／療養費／移送費／特別療養費／高額療養費 ／高額介護合算療養費　その他広域連合の条例で規定された給付
保険証	広域連合が発行する被保険者証
法的根拠	高齢者の医療の確保に関する法律

（※1）保険料納付方法は、原則として2カ月ごとに支払われる年金から2カ月分に相当する保険料が天引きされる（特別徴収）。
　　　ただし、（ⅰ）年金が年額18万円未満（複数の年金を受給している場合は合算をしない）の者、（ⅱ）介護保険と合わせた保険料額が、年金額の2分の1を超える者、（ⅲ）年度途中で75歳になった者、（ⅳ）年度途中で他の市区町村から転入した者のいずれかに該当する場合は、特別徴収の対象とはならず、居住する市区町村から送付される納付書で保険料を納付する（普通徴収）。
　　　また、被保険者の申出により口座振替へ変更することができる。
（※2）自己負担割合については P.24を参照。

〔図表1－12〕後期高齢者医療制度の運営の仕組み

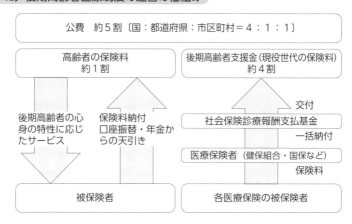

(4) 自己負担割合

　療養の給付等の自己負担割合は、原則としてかかった医療費の1割だが、一定以上所得がある者（一定以上所得者）は2割、現役並み所得者は3割となる。自己負担割合の判定は、毎年8月1日に、次のように行われる。

　同じ世帯の後期高齢者医療制度の被保険者の「課税所得が145万円以上」かつ、世帯の「収入額の合計」が、単身世帯は383万円以上、複数世帯は520万円以上の場合は、現役並み所得者に該当し、自己負担割合は3割となる。

　現役並み所得者に該当しない者のうち、同じ世帯の後期高齢者医療制度の被保険者の「課税所得が28万円以上」かつ、世帯の「年金収入＋その他の合計所得金額」が、単身世帯は200万円以上、複数世帯は320万円以上の場合は一定以上所得者に該当し、自己負担割合は2割となる。現役並み所得者、一定以上所得者のいずれにも該当しない場合は、自己負担割合は1割である。

　なお、一定以上所得者の自己負担割合を2割とする取扱いは2022年（令和4年）10月から行われているものであるが、外来患者については、2割への引き上げによる1か月あたりの自己負担額の増加額が最大でも3,000円に収まるように配慮措置が講じられている（2025年（令和7年）9月末まで）。

実務上のポイント

- 健康保険は、パートタイマーやアルバイトで、一般従業員と比較して1週間の所定労働時間および1カ月の所定労働日数が4分の3以上である場合、健康保険の被保険者となる。また、この要件に当てはまらなくても、従業員の数が一定以上であるときは1週間の所定労働時間が20時間以上、給与が8万8,000円以上であることなどの要件を満たした場合も、被保険者となる。

- 健康保険の被扶養者の年収要件は、同一世帯の場合、年収130万円（60歳以上や障害者の場合は180万円）未満かつ被保険者の収入の2分の1未満である。

- 配偶者、子、孫、直系尊属、兄弟姉妹は、健康保険の被扶養者になるために被保険者と同居している必要はない。

- 健康保険の傷病手当金の額は、1日につき、原則として、支給開始日の属する月以前の継続した12カ月間の当該被保険者の標準報酬月額を平均した額の30分の1に相当する額の3分の2に相当する金額である。

- 健康保険の傷病手当金は、療養のため労務不能であることや連続した3日の待期期間など、すべての要件を満たした場合、第4日目から通算して1年6カ月間支給される。

- 健康保険において、妊娠4カ月以上の被保険者が産科医療補償制度に加入する医療機関で出産した場合に支給される出産育児一時金の額は、1児につき50万円である。

- 健康保険の被保険者が出産日以前42日から、出産日の翌日以後56日までの範囲で休んで給与が受けられないとき、その日数に応じて1日につき、出産手当金の支給開始日の属する月以前の継続した12カ月間の各月の標準報酬月額を平均した額の30分の1に相当する額の3分の2に相当する額が支給される。

- 国民健康保険には被扶養者という制度はなく、加入者全員が被保険者となる。

- 健康保険の任意継続被保険者の資格取得手続は、原則として退職した日の翌日（資格喪失日）から20日以内に行う必要がある。

- 協会けんぽの任意継続被保険者の保険料は、退職時の標準報酬月額または協会けんぽの全被保険者の前年の標準報酬月額の平均額に相当する標準報酬月額のいずれか低いほうにより計算される。

- 健康保険の任意継続被保険者の保険料は、任意継続被保険者の全額負担である。
- 任意継続被保険者に所定の要件を満たす配偶者や子などがいる場合、それらの者を被扶養者とすることができる。
- 任意継続被保険者は、原則として在職中と同様の保険給付を受けることができるが、新たな傷病手当金と出産手当金は支給されない。
- 後期高齢者医療広域連合の区域内に住所を有する75歳以上の者および65歳以上75歳未満で一定の障害のある者は、後期高齢者医療制度の被保険者となる。
- 後期高齢者医療制度の自己負担割合は原則として1割だが、一定以上所得者は2割、現役並み所得者は3割である。
- 後期高齢者医療制度の保険料は、均等割額と所得割額の合計額である。
- 後期高齢者医療制度の保険料の納付方法は、公的年金を受給している人は原則として公的年金から天引きされ、年金額18万円未満の人や介護保険料と合わせた保険料が年金額の2分の1を超える人は納付書で納付する。
- 後期高齢者医療制度には、被扶養者という制度はない。

第3節

公的介護保険

① 公的介護保険の仕組み

　公的介護保険は、寝たきりや認知症などで介護が必要な高齢者が増加する一方で、核家族化の進行や介護する家族の高齢化により、家庭内介護機能が脆弱化していく現状を背景に、高齢者の介護を社会全体で支え合う仕組みとしてスタートした制度である〔図表1－13〕。

　制度の中核となるのは、要介護者、要支援者に対する各種のサービスだが、近年は、住まい・医療・介護・予防・生活支援が一体的に提供される地域包括ケアシステムの構築に向けた取り組みも進められている。また、2021年（令和3年）4月1日より、認知症に関

〔図表1－13〕介護保険制度の仕組み

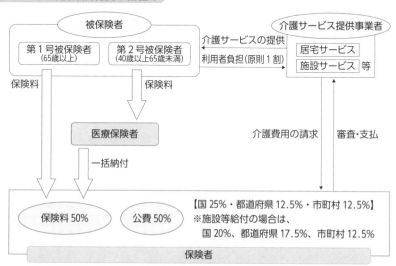

する施策を総合的に推進することが、国および地方公共団体の責務となった。具体的には、認知症予防等に関する調査研究の推進や、認知症である者への支援体制の整備等に努めることが求められている。

(1) 保険者

保険者は市町村および特別区（以下、「市区町村」）であるが、事業の困難さを考慮して、国・都道府県・各医療保険者が重層的に支え合う仕組みとなっている。

介護保険の給付に要する費用は、原則、その50％を保険料で賄い、残りを国が25％、都道府県と市区町村がそれぞれ12.5％を負担する。ただし、施設等給付（介護保険施設、特定施設に係る給付）の場合は、国が20％、都道府県が17.5％、市区町村が12.5％の負担であるなど、給付等により負担が異なるものもある〔図表1－13〕。

(2) 被保険者の種類

原則として市区町村の区域内に居住する40歳以上の者は強制加入となる。日本国籍を有しない者も、その市区町村の区域内に住所を有していると認められ、かつ、年齢要件等が該当すれば、当然被保険者となる。

なお、被保険者が介護老人福祉施設等の介護保険施設や有料老人ホーム等（地域密着型特定施設等を除く）に入所し、その施設に住所を変更した場合は、原則として、引き続き施設入所前の住所地の市区町村の介護保険の被保険者となる（住所地特例制度）。

被保険者は2つに区分される〔図表1－14〕。

① 65歳以上の者……第1号被保険者
② 40歳以上65歳未満の公的医療保険加入者……第2号被保険者

第1号被保険者は、原因を問わず要介護状態（寝たきりや認知症等のために常時介護を要すると見込まれる状態）または要支援状態（日常生活において常時介護を要する状態の軽減もしくは悪化の防止に特に資する支援を要すると見込まれ、日常生活を営むのに支障があると見込まれる状態）として、市区町村から認定されると、保険給付を受けることができる。

一方、第2号被保険者は、特定疾病（初老期認知症、脳血管疾患、がん（医師が一般に認められている医学的知見に基づき回復の見込みがない状態に至ったと判断したものに限る）等の加齢に伴い発生する心身の変化に起因する16種類の疾病）による要介護状態または要支援状態と認定を受けた場合に保険給付が受けられる。

介護保険の認定申請等に必要な「介護保険被保険者証」は、第1号被保険者については

〔図表1-14〕介護保険の被保険者・保険料・自己負担

	第1号被保険者	第2号被保険者
被保険者	65歳以上の者 ・被保険者全員に被保険者証を交付	40歳以上65歳未満の医療保険加入者 ・認定者等にのみ被保険者証を交付
保険料	市区町村が徴収（額は市区町村により異なる）。 ・所得段階別定額保険料 ・年額18万円以上の公的年金を受給している者は、公的年金から特別徴収。複数の年金を受給している者は①老齢年金、②障害年金、③遺族年金の順位により特別徴収される。	医療保険者が医療保険の保険料と一括して徴収。 〈協会けんぽ〉 健康保険料と合わせて労使折半 （介護保険料率は全国一律） 〈国民健康保険〉 所得割、均等割等（市区町村により異なる）
受給権者	原因を問わず、要介護者・要支援者となった者	特定疾病によって、要介護者・要支援者となった者に限定
自己負担	・ケアプラン作成は自己負担なし ・居宅サービスには支給限度があり、それを超える場合、全額自己負担となる ・1カ月の自己負担額には上限が設定されている （高額介護サービス費(※1)など） ・食費、居住費等を除く費用の原則1割が自己負担 ・第1号被保険者は所得が一定以上の場合2割(※2)または3割(※3)が自己負担	

（※1）高額介護サービス費：月額の自己負担額に上限が設けられている。現役並み所得者に該当しない市区町村民税の課税対象者（世帯）は44,400円。
（※2）第1号被保険者のうち、所得が高い者（次の①②の要件を満たす者で※3に該当しない者）
　　　①合計所得金額が160万円以上
　　　②年金収入＋その他の合計所得金額が（ⅰ）単身世帯の場合は280万円以上、（ⅱ）2人以上世帯の場合は346万円以上
（※3）第1号被保険者のうち、特に所得が高い者（次の①②を満たす者）
　　　①合計所得金額が220万円以上
　　　②年金収入＋その他の合計所得金額が（ⅰ）単身世帯の場合は340万円以上、（ⅱ）2人以上世帯の場合は463万円以上

65歳になったとき、第2号被保険者については、要介護・要支援認定を受けたときまたは市区町村に申請したときに交付される。

(3) 保険料

① 第1号被保険者

　保険料は、保険者である市区町村における介護保険事業に要する費用額（支出額）および収入額を勘案し、市区町村の条例に従い算定される。所得段階別の定額保険料であり、低所得者への負担を軽減する仕組みがとられている。

　保険料の徴収については、年額18万円以上（月額1万5,000円以上）の公的年金を受給している者は、原則として年金が支払われる際に年金から徴収（特別徴収）され、市区町

村に納付される。

　一方、年金が年額18万円未満（複数の年金を受給している場合は合算しない額）の者などは、自ら市区町村に納付（普通徴収）する。

② 第2号被保険者

　各医療保険者がそれぞれの医療保険各法の規定に基づいて、賦課・徴収する。健康保険の場合には、第2号被保険者である健康保険の被保険者に対して介護保険料が課され、標準報酬月額・標準賞与額に介護保険料率を乗じた額を健康保険料と一括して徴収する。なお、全国健康保険協会（協会けんぽ）の介護保険料率は、2024年（令和6年）3月分（4月納付分）から1,000分の16.0であり、介護保険料分についても、健康保険料と同様、労使折半して負担する。また、健康保険の被扶養者が第2号被保険者である場合、原則、医療保険と同様、個別の保険料負担はない。ただし、健康保険の被保険者は40歳未満であるが、被扶養者に第2号被保険者がいる場合など、一部の健康保険組合では、被保険者から被扶養者分の介護保険料を徴収している。

　国民健康保険の場合には、介護分として算出された保険料が、医療分の保険料と一括して世帯主に課される。算定方法は保険者により異なり、都道府県及び市区町村が保険者である場合は、均等割や所得割などの組み合わせにより算定される（第2節参照）。

　なお、第2号被保険者の保険料は、医療保険の保険者が納付する介護納付金に充てられるが、健康保険などの被用者医療保険では、各保険者が納付する介護納付金の算定に「総報酬割」が導入されている。これは、各保険者における「総報酬額」に比例して、介護納付金の額が決まる仕組みのことである。

❷ 介護保険の手続

(1) 要介護・要支援認定

　介護保険では、要介護状態または要支援状態に該当すると市区町村に認定（要介護認定または要支援認定）されたときに給付を受けることができる。

　介護保険から給付を受けるまでの手順は次のとおりである。

① 市区町村へ申請

② 市区町村の調査等

③ 要支援・要介護認定

④　決定の通知

　まず、「①市区町村への申請」にあたっては、介護保険被保険者証（第2号被保険者は医療保険の被保険者証）を提示するとともに、本人や家族が申請書を市区町村の窓口へ提出する。提出にあたっては、郵送や、指定を受けた介護サービス事業者が代わって行う申請代行という方法も認められている。

　次に、一般的に訪問調査や認定調査といわれる「②市区町村の調査等」がある。調査は市区町村の認定調査員により国が策定する全国一律の基準・項目に基づき行われ、主治医等の意見を加味し、コンピューター処理される。こうして得られた1次判定結果のほか、特記事項や主治医等の意見書の内容が勘案され、市区町村に設置された保健・医療・福祉の学識経験者で構成される介護認定審査会で最終判定（2次判定）される。

　これにより、要支援・要介護状態であるか、自立（非該当）であるかに関する「③要支援・要介護認定」が行われ、本人に「④決定の通知」がされる。

　なお、市区町村への**最初の申請から認定は原則30日以内**に行われ、その**認定の効力は、申請のあった日に遡って**その効力を有する〔図表1－15〕。

　要支援（1、2）もしくは要介護（1～5）のいずれかの区分に認定されれば、介護保険の保険給付が受けられる〔図表1－16〕。認定の**有効期間は新規申請**の場合、**原則として6カ月**（特に必要と認められる場合は、市区町村により3カ月から12カ月の範囲で月単

〔図表1－15〕介護認定の流れ

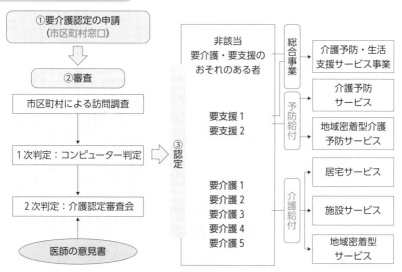

〔図表１−16〕要介護・要支援状態の目安

介護区分		心身状態・運動能力の例
軽 ↓ 重	要支援1	〈介護状態とは認められないが、社会的支援を必要とする状態〉 掃除などの家事で介助が必要。食事やトイレは自分でできる。
	要支援2	〈部分的に介護を必要とする状態（ただし、状態の維持や改善見込みあり）〉 立ち上がりや歩行が不安定で一部介助が必要。トイレや入浴に一部介助が必要。問題行動や理解の低下が見られることがあり、介護予防サービスを提供すれば状態の維持、または回復が見込まれる。
	要介護1	〈部分的に介護を要する状態〉 立ち上がりや歩行が不安定で一部介助が必要。トイレや入浴に一部介助が必要。問題行動や理解の低下が見られることがある。
	要介護2	〈軽度の介護を要する状態〉 立ち上がりや歩行が自力ではできない場合がある。トイレや入浴などに一部または全介助が必要。問題行動や理解の低下が見られることがある。
	要介護3	〈中等度の介護を要する状態〉 立ち上がりや歩行が自力ではできない。入浴、衣服の着脱などに全介助が必要。問題行動や理解の低下がいくつか見られることがある。
	要介護4	〈重度の介護を要する状態〉 トイレ、入浴、衣服の着脱など日常生活のほとんどに介助を必要とする。多くの問題行動や理解の低下が見られることがある。
	要介護5	〈最重度の介護を要する状態〉 トイレ、衣服の着脱、食事など生活全般に介助を必要とする。多くの問題行動や理解の低下が見られることがある。

資料：社会保険労務士事務所あおぞらコンサルティング

位で定められる）で、状態が変わった場合や更新の場合は原則として12カ月（特に必要と認められる場合には市区町村により3カ月から48カ月の範囲で月単位で定められる）となっている。なお、更新の申請は有効期間の満了の60日前から満了日までに手続を行う。また、認定を受けた被保険者が、認定を受けた区分以外の要介護・要支援状態に該当するときは、有効期間の満了前であっても、市区町村に対し区分変更の認定の申請をすることができる。

認定された結果に不服がある場合には、認定結果を知った日の翌日から3カ月以内であれば介護保険審査会に審査請求をすることができる。

(2) ケアプラン（介護サービス計画）とケアマネジメント（居宅介護支援・介護予防支援）

要介護・要支援認定を受けると、サービスを選択するにあたり、サービスをどのように

組み合わせて受けるか、どの指定業者のサービスを受けるかなどの計画書となるケアプランを作成することになっている。ケアプランは介護サービス事業者でケアマネジャー（介護支援専門員）に立ててもらうことができ、市区町村に事業者を届け出ると無料でケアプラン作成のサービスを受けることができる。なお、自分自身で立てることも可能であるが、市区町村に届け出て確認を受ける必要がある。

　なお、ケアプランをケアマネジャーが立てる場合、利用者等からの依頼に基づき、アセスメントを行って把握した利用者の心身の状況や家族の状態、住居等の環境、利用者ニーズおよび専門家の意見等を踏まえ作成する。ケアプランは介護サービスを受ける本人やその家族の要望も考慮し作成される。

　介護保険制度では、ケアマネジャー等は、ケアプラン作成に加え、そのプラン実行にかかる役割を担うことになる。プラン作成から実行に至るケアマネジメント（居宅介護支援・介護予防支援）は、以下の4段階からなっている。

① アセスメント（課題分析。利用者の健康状態や日常生活動作能力、家庭の状態、介護サービスのニーズ等の的確な把握）
② ケアプラン（介護サービス計画）の作成
③ 計画に応じたサービス利用
④ サービスの継続的な管理と再評価

❸ 保険給付

保険給付は次の3種類である。
① 要介護者（要介護認定された者）に対する「介護給付」
② 要支援者（要支援認定された者）に対する「予防給付」
③ 市区町村が任意で定める「市町村特別給付」

（1）介護給付

　介護給付は、大きく居宅サービスと施設サービス、地域密着型サービスに分けられる。

① 居宅サービス

　居宅サービスには自宅でサービスを受ける訪問介護、施設に行ってサービスを受ける通所介護（デイサービス）、施設に短期入所しサービスを受ける短期入所生活介護（ショートステイ）などがある。また、居宅での介護を円滑にするため、福祉用具の貸与や住宅改

修費の支給などのサービスもある。

　各サービスの利用は、ケアプランに基づき、各サービスを提供する介護サービス事業者と契約し、利用する。なお、居宅サービスには、要介護状態区分に応じて支給限度額が定められており、限度額を超えて利用すると、超えた分は全額が利用者の負担となる。

② 施設サービス

　施設サービスは、介護保険施設に入所して介護その他のサービスを受けるものである。介護保険施設は、要介護の状態や介護の目的に応じて以下の施設があり、施設ごとに受けられるサービスの内容も異なる。なお、施設サービスは要介護者のみが入所対象となる。

a．介護老人福祉施設

　介護老人福祉施設（特別養護老人ホーム）では、「介護福祉施設サービス」が提供される。

　特別養護老人ホーム入所者に対して、入浴、排泄、食事等の介護、その他の日常生活上の世話、機能訓練、健康管理および療養上の世話を行う。なお、新規入所は、原則要介護3以上の者に制限されている。

b．介護老人保健施設

　介護老人保健施設では「介護保健施設サービス」が提供される。医学的管理のもとで機能訓練や介護サービスが受けられる。

c．介護医療院

　介護医療院では、「介護医療院サービス」が提供される。入所者に対して、長期療養のための医療と、日常生活のための世話（介護）が一体的に提供される。なお、介護医療院は、介護保険法上の介護保険施設であると同時に、医療法上の医療提供施設としても位置付けられる施設である。2024年（令和6年）3月31日をもって廃止された介護療養型医療施設からの転換先となっている。

　なお、居宅サービス利用者との不公平を是正するなどの目的で、これらの施設の入所者およびショートステイ利用者に対し、食費、居住費、日常生活費が自己負担となっている。低所得者には所得等に応じた減免制度が設けられている。

③ 地域密着型サービス

　地域密着型サービスには、地域の特性に応じて多様で柔軟なサービスが提供できるよう、定期巡回・随時対応型訪問介護看護、小規模多機能型居宅介護、夜間対応型訪問介護、認知症対応型共同生活介護（グループホーム）などがある。ただし、地域によってはそのサービスを実施する介護事業者がない場合もある。

(2) 予防給付

　予防給付は、大きく介護予防サービスと地域密着型介護予防サービスに分けられる。介護給付との大きな違いは施設サービスが利用できない点である。

　介護予防サービスは介護給付の居宅サービスと類似していて、介護予防訪問看護、介護予防通所リハビリテーション、介護予防短期入所生活介護などがある。なお、従来の介護予防訪問介護、介護予防通所介護は、市区町村が地域の実情に応じて実施する介護予防・日常生活支援総合事業に移行されている。

　地域密着型介護予防サービスには、介護予防小規模多機能型居宅介護、介護予防認知症対応型共同生活介護などがあるが、介護給付より利用できる内容が少ない。

(3) 利用者負担

　介護保険のサービスを利用した場合、原則として、費用の1割が自己負担となる。ただし、第1号被保険者で年間の年金収入等が280万円以上の者は2割、年金収入等が340万円以上の者は3割の自己負担となる（いずれも単身の場合の基準）〔図表1−14[(※2)(※3)]〕。なお、ケアプランの作成費用については、**利用者の自己負担はない**。

(4) 高額介護サービス費・高額介護予防サービス費

　介護保険における自己負担額が高額となることを防止するため、健康保険等の高額療養費と同様の仕組みとして、**高額介護サービス費**、高額介護予防サービス費が設けられてい

〔図表1−17〕 高額介護サービス費等の基準

対象者		負担の上限（月額）
世帯のいずれかが市区町村民税課税対象	課税所得690万円（年収約1,160万円）以上	14万100円　（世帯[(※1)]）
	課税所得380万円（年収約770万円）以上　課税所得690万円（年収約1,160万円）未満	9万3,000円（世帯[(※1)]）
	課税所得380万円（年収約770万円）未満	4万4,400円（世帯[(※1)]）
世帯全員が市区町村民税を課税されていない		2万4,600円（世帯[(※1)]）
	前年の公的年金等収入額とその他の合計所得金額の合計額80万円以下	2万4,600円（世帯[(※1)]）
		1万5,000円（個人[(※2)]）
生活保護を受給している者		1万5,000円（個人[(※2)]）

（※1）「世帯」とは住民基本台帳上の世帯員で、介護サービス利用者の合計額の上限額
（※2）「個人」とは介護サービスを利用者の本人の上限額

る。1カ月の自己負担の合計が〔図表1−17〕の基準額を超えた場合、高額介護サービス費、高額介護予防サービス費が支給される。

(5) 介護予防・日常生活支援総合事業（総合事業）

総合事業は、市区町村の地域包括支援センターが中心となって、地域の実情に応じて、住民等の多様な主体が参画して、多様なサービスを提供する事業である。地域包括ケアシステムの構築、推進の要となる事業として位置づけられている。要支援者に対する訪問介護、通所介護に加え、要支援、要介護に該当しない高齢者も含めた介護予防を目的とした運動指導や栄養改善サービス、認知症等の高齢者に対する虐待防止、早期発見のための権利擁護の事業、配食など、市区町村特別給付と併せて、独自のサービスが提供される。

❹ 介護報酬

介護報酬とは、介護給付や予防給付等それぞれのサービスの価格であり、提供する介護サービス事業者に対価として支払われる金額である。介護サービス事業者は、原則として介護報酬の1割（または2割、3割）を利用者から利用者負担として受け取り、介護報酬の9割（または8割、7割）を市区町村から介護給付費として受け取る〔図表1−18〕。

介護報酬は、厚生労働大臣が社会保障審議会の意見を聞いて、介護サービスの種類ごとに人件費や物価の上昇に合わせ、事業所・施設の所在する地域等を考慮して算定される。

2024年度（令和6年度）の介護報酬改定では、「地域包括ケアシステムの深化・推進」、「自立支援・重度化防止に向けた対応」、「良質な介護サービスの効率的な提供に向けた働きやすい職場づくり」、「制度の安定性、持続可能性の確保」などの観点からの改定が行わ

〔図表1−18〕介護報酬支払の流れ

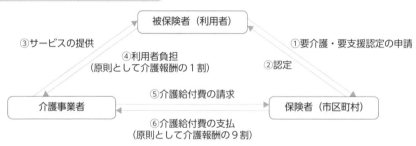

れた。

実務上のポイント

- 介護保険において、65歳以上の者は第1号被保険者、40歳以上65歳未満の公的医療保険加入者は第2号被保険者である。
- 介護保険において、第2号被保険者は特定疾病により要介護、要支援状態になった場合に限り、給付を受けることができる。
- 介護保険の第2号被保険者の保険料は医療保険料と一括して徴収され、協会けんぽの場合、労使折半であり介護保険料率は全国一律である。
- 公的年金制度から年額18万円以上の年金を受給している第1号被保険者の介護保険料は、原則として公的年金から特別徴収される。
- 要介護認定の通知は、申請のあった日から30日以内に行われ、申請のあった日に遡ってその効力を有する。
- 要介護認定を受けた介護保険の被保険者が介護保険施設を利用した場合、食費、居住費および日常生活費は、原則として全額が利用者負担となる（食費、居住費および日常生活費を除く費用は原則1割負担）。
- 介護保険において、ケアプラン作成の自己負担はない。
- 介護保険の在宅サービス等を利用する場合は、要介護状態区分に応じて支給限度額が決められており、限度額を超えてサービスを利用したときの超えた分は全額利用者負担になる。
- 介護老人福祉施設（特別養護老人ホーム）の入所対象は、原則として要介護3以上の者のみである。
- 要介護認定・要支援認定を受けた介護保険の被保険者が居宅で生活するために必要な一定の住宅改修を行った場合は、改修費用（上限20万円）の7～9割が居宅介護住宅改修費として支給される。

第 **4** 節

労働者災害補償保険

　労働者災害補償保険（労災保険）は、業務上、複数業務要因または通勤による労働者の負傷、疾病、障害、それに伴う介護または死亡に対して保険給付を行う制度である。労災保険は、政府（厚生労働省）が保険者として運営し、都道府県労働局・労働基準監督署が窓口となっており、ごく一部の事業を除き、労働者を1人でも使用している事業所は強制的に加入が義務付けられている。

❶ 労働者災害補償保険の概要

(1) 対象者と適用事業

　労働者災害補償保険は、一般的には労災保険と呼ばれ、会社で働く正社員はもちろん、アルバイト、パートタイマー、外国人労働者などすべての労働者が適用を受ける。

　本来、労働者が仕事中に災害（ケガ、障害、死亡など）を被った場合は、労働基準法に基づき事業主が災害補償をすることとされている。しかし、補償費用が多額の場合など、事業主が実際に補償可能であるか不確実な場合がある。そこで、労働者が確実に補償を受けられるように、また事業主の補償負担の軽減のための保険制度として、1947年（昭和22年）に労働基準法と同時に制定されたのが労災保険の制度である。そして、通勤災害も1973年（昭和48年）から労災保険の適用を受けるようになった。また、2020年（令和2年）9月1日から事業主が同一でない複数の事業場と労働契約関係にある労働者（複数事業労働者）の保護も拡充された。

　労災保険では、原則として、1人以上の労働者を使用するすべての事業は、当然に適用事業となる。これを強制適用事業という。つまり、事業開始の日に自動的に労災保険に係る労働保険の保険関係が成立し、加入脱退の自由は認められない。

　また、この保険関係成立後に、労働者が業務災害、複数業務要因災害または通勤災害を

被った場合には、仮にその事業主が労災保険の手続をまったく行っていなくても、その労働者は労災保険の法定給付を受けられることになる。なお、**派遣労働者に係る労働保険の適用は、派遣元事業主が適用事業となり、その保険給付請求書の証明は派遣元事業主が行う**（ただし、事業主の証明の根拠を明らかにするために、派遣先事業主が作成した文書の添付等が必要となる）。

(2) 保険料

労災保険の保険料は、**毎年４月１日～翌年３月31日までの１年間分をまとめて事業主が全額負担**する。その計算は、労働者の賃金総額に労災保険率を乗じて計算される。労災保険率は、事業の種類によって異なり1,000分の2.5から1,000分の88までの範囲で定められている。

❷ 保険給付の種類と内容

労災保険の保険給付の対象となるのは、業務災害、複数業務要因災害、通勤災害である。

(1) 業務災害

業務災害（業務上の事由による労働者の負傷、疾病、障害または死亡）は、次の２つの要件を満たした場合に認められる。

① 業務遂行性

業務遂行性とは、労働者が事業主の支配下にある状態をいい、次のような場合に認められる。

a．事業場の敷地内（業務に従事している）

就業中、作業の準備中、後始末中、待機時間中

b．事業場の敷地外（業務に従事している）

出張中、業務指示で外出中

c．事業場の敷地内（業務には従事していない）

休憩中、食堂での食事中、送迎バスなど事業主が提供する通勤専用交通機関の利用中

② 業務起因性

業務起因性とは、傷病等が業務と相当因果関係があることをいう。

業務起因性が認められるためには、前提条件として①業務遂行性が認められなければな

らない。また、業務起因性の有無は、①の a 、 b に該当する場合は、業務が原因で負傷が発生したか否かを中心に判定され、①の c に該当する場合は、事業場の施設状況が原因でその負傷が発生したか否かを中心に判定される。

〈業務災害の事例〉

業務に従事していない場合でも、業務災害に該当する事例としては、以下のものがある。

a．就業中のトイレ休憩などの生理的行為に伴う移動中の負傷

b．事業場の施設内における就業前後の施設管理の不備による負傷

c．昼休み時間中の社員食堂に移動する際のエレベーターの誤作動による負傷

d．出張中における移動中の負傷

e．訪問介護労働者（ホームヘルパー）の利用者宅から他の利用者宅への移動中の負傷

〈業務災害に該当しない事例〉

・休憩時間中に昼食のため会社外にあるレストランに向かい、入店する直前に道路上の段差で転倒して骨折

なお、疾病の場合も、業務遂行性、業務起因性が認められる場合には、業務災害となる（業務上疾病）。ただし、業務と疾病との間に因果関係が確立していると認められる疾病については、厚生労働省令による「職業病リスト」に定められており、保険給付の請求の容易化が図られている。職業病に該当するものとしては、がんの原因となる物質にさらされる業務によるがんや、長時間労働による脳・心臓疾患などが挙げられる。

(2) 複数業務要因災害

複数業務要因災害とは、複数事業労働者（事業主が同一でない複数の会社等で勤務する労働者）の、複数の勤務先での業務を要因とする災害のことである。2020年（令和 2 年） 9 月 1 日以後に発生した傷病等が対象となる。

ただし、対象となる疾病は厚生労働省令で定めるものに限定され、長時間労働による脳・心臓疾患や、心理的に過度の負担を与える事象を伴う業務による精神障害が定められている。保険給付の対象となるか否かの判断に際しては、まず 1 つの勤務先での労働時間やストレスなどを考慮して業務災害に該当するか否かが判断され、業務災害に該当する場合には、従来どおり業務災害として給付が支給される。業務災害に該当しない場合には、複数の勤務先の労働時間やストレスを総合的に考慮して、複数業務要因災害に該当するか否かの判断が行われる。

なお、後述する特別加入制度に加入している者も、労働者として働きながら特別加入している場合や、複数の特別加入をしている場合には、複数事業労働者として同様に判断さ

れる。

(3) 通勤災害

通勤災害とは、労働者が通勤に起因して被った災害をいう。ただし、通勤災害の対象となる通勤は一般的な通勤の概念とは異なり、以下のように定義づけられている。

① 通勤の定義

通勤とは、労働者が「就業に関し」、次の a. ～ c. に掲げる移動を「合理的な経路および方法により行う」ことをいい、「業務の性質を有するものを除く」ものとされている。

a．「住居と就業の場所」との間の往復

大学で授業を受けた後、大学から直接アルバイト先に向かう途中での負傷は通勤災害とならない。

b．第1の就業の場所から第2の就業の場所への移動

c．単身赴任者に係る赴任先住居と帰省先住居との間の移動

d．単身赴任者に係る帰省先住居と赴任先の就業の場所との間の移動

「就業に関し」	・本来の業務でなくとも、会社主催の全員参加の行事や得意先の接待や打合せは業務となる。参加が任意となる場合は、業務とならない。 ・ラッシュを避けるための早出等は業務との関連性が認められる。しかし、運動部の練習に参加する等の目的で、就業開始時刻とかけ離れた時刻（おおむね2時間超前）に会社に行く場合は就業との関連性は認められない。 ・事業場施設内で業務終了後にサークル活動や労働組合の会合に出席した後に帰宅する場合、社会通念上就業と帰宅との直接的関係を失わせるほど長時間となるような場合を除き、就業との関連性が認められる。 ・単身赴任者の帰省先住居から赴任先住居への移動は、業務に就く当日または前日に行われた場合は就業との関連性が認められるが、前々日以前に行われた場合は、業務との関連性が認められない※。 ・単身赴任者の赴任先住居から帰省先住居への移動は、業務に従事した当日またはその翌日に行われた場合は就業との関連性が認められるが、翌々日以降に行われた場合は、業務との関連性が認められない※。 ※前々日以前または翌々日以降に行われた場合でも、交通機関の状況等の合理的な理由があるときに限り、就業との関連性が認められる。
「合理的な経路および方法」	・複数の経路や方法であっても（バス、鉄道、自転車等普段の通勤の方法が異なっても）認められる。 ・通常代替利用する経路やマイカー通勤者の駐車場の利用、共働きなどで子どもを託児所や親せき等に預けるためにとる経路は、合理的と認められる。
「業務の性質を有するものを除く」	・事業主の提供する専用交通機関を利用する通勤や休日または休暇中に呼び出しを受け緊急に出勤する際の移動による負傷は業務災害となる。

「住居と就業の場所」	・通常は自宅から出勤するが、長時間残業や早出出勤、交通ストライキ、自然災害等の不可抗力的な事情により、一時的に自宅以外の場所に宿泊するときは、当該場所が住居と認められる。 ・転任等により配偶者と別居して単独で生活する者や独身者の家族の住む家屋は、当該家屋と就業の場所との間を往復する行為に反復・継続性（月1回以上）が認められるときは住居と認められる。 ・就業の場所には、物品等を得意先に届けてから直接帰宅する場合の届出先や全員参加の運動会の会場等も該当する。

② 逸脱・中断

労働者が通勤として認められる移動の経路を逸脱し、または移動を中断した場合においては、当該逸脱または中断の間またはその後の移動は通勤とされない。ただし、当該逸脱または中断が、日常生活上必要な行為であって厚生労働省令で定めるものをやむを得ない事由により行うための最小限度のものである場合は、当該逸脱または中断の間を除き通勤とされる。

原則	通勤の移動経路を逸脱し、または当該移動を中断した場合、その間、およびその後の移動は通勤と認められない。
例外	当該逸脱または中断が日常生活上必要な行為であって、次に該当するものをやむを得ない事由により行う最小限度のものである場合、当該逸脱または中断を終え合理的経路および方法に戻った後は通勤と認められる。 ・通勤経路上の理髪店に立ち寄る行為 ・日用品の購入など ・職業訓練、学校において行われる教育その他これらに準ずる教育訓練であって職業能力の開発向上に資するものを受ける行為 ・選挙権の行使 ・病院または診療所で診察または治療等を受ける行為 ・要介護状態にある配偶者、子、父母、孫、祖父母および兄弟姉妹ならびに配偶者の父母の介護（継続的に、または反復して行われるものに限る） ※経路の近くの公衆トイレを使用する場合や経路上の店でタバコや雑誌等を購入する場合等のように通常の経路の途中で行うささいな行為は、逸脱、中断には該当しない。

(4) 給付内容と給付基礎日額

給付には〔図表1－19〕の種類がある。なお、休業補償給付は休業4日目から支給されるが、業務災害による傷病による欠勤のため、賃金を受けられない休業の初日から3日目までの期間は、事業主が「労働基準法」に基づく休業補償を行わなければならない。

給付基礎日額は、休業（補償）給付、傷病（補償）年金等の保険給付の額を算定するときの基礎になるもので、以下のように賃金額（ボーナス等は含まれない）に基づいて計算

される。複数事業労働者の場合は、それぞれの勤務先ごとに計算した給付基礎日額に相当する額を合算した額が給付基礎日額となる。

> **給付基礎日額**
>
> $$\frac{算定事由発生日以前 3 カ月間に支払われた賃金の総額}{算定事由発生日以前 3 カ月間の総日数}$$
>
> **注** 給付基礎日額に1円未満の端数があるときは、1円に切り上げる。

❸ 特別支給金制度

業務災害や複数業務要因災害または通勤災害により労働者が病気やケガをしたときには、所定の保険給付が行われるが、これらの保険給付のほかに、〔図表1-19〕の特別支給金が支給される。

労働者災害補償保険法は、労働者の社会復帰の促進と遺族の援護を図るため、本来の保険事業に付帯して社会復帰促進等事業を行うことができると定められている。特別支給金の事業は、その一つである。

❹ 特別加入制度

労災保険は、本来、日本国内の労働者を労働災害による被害から保護することを目的とした保険である。しかし、本来は対象とならない者でも、業務内容や災害の発生状況から見て、労災保険によって保護することが適切であると考えられる場合がある。こうした場合、一定の要件のもと、特別加入者として、労働基準監督署長を経由して都道府県労働局（厚生労働省の地方機関）長に加入を申請することができる。

(1) 中小事業主

事業の種類に応じて〔図表1-20〕に示す人数以下の労働者を使用する事業の事業主は、特別加入が認められる。ただし、労働保険事務の処理を労働保険事務組合に委託していなければならない。また、事業に従事する家族従事者または役員など、労働者以外で業務に従事する者がいるときは、事業主を含むそのすべての者が加入しなければならない（高齢

〔図表1－19〕労災保険の主な給付内容

保険給付の種類		保険給付の内容	特別支給金の内容
病気やケガをしたとき	療養（補償）給付	病気、ケガをしたときに労災病院や指定病院で必要な治療が受けられ、やむを得ず労災病院や指定病院以外の病院等で治療を受けたときに立替払した場合は、療養の費用が支給される。療養補償給付として受ける療養の給付は労働者の一部負担金はない。	
	休業（補償）給付	療養のため4日以上会社を休み、賃金が支給されないときに休業4日目から給付基礎日額の60%が支給される（業務災害の場合は、3日目までは事業主が休業補償を行う）。1年6カ月以内という支給期限はない。	〈休業特別支給金〉 休業4日から、休業1日につき給付基礎日額の20%相当額
	傷病（補償）年金	病気やケガが1年6カ月を経過しても治らない場合、一定の傷病等級（1～3級）に該当すれば、休業（補償）給付に代わって給付基礎日額の313日から245日分の年金が支給される。	〈傷病特別支給金〉 傷病等級に応じて114万円から100万円までの一時金 〈傷病特別年金〉 傷病等級に応じて算定基礎日額の313日から245日分の年金
障害者等になったとき	障害（補償）給付	病気やケガが治った後に障害が残ったとき、障害の程度（1～7級）に応じて終身または障害状態がなくなるまで給付基礎日額の313日から131日分の年金が給付される。障害の程度が8～14級の場合は給付基礎日額の503日から56日分の一時金が支給される。 また、障害（補償）年金の受給権者が死亡し、一定の場合には、障害（補償）年金差額一時金が支給される。	〈障害特別支給金〉 障害等級に応じて342万円から8万円までの一時金 〈障害特別年金〉 障害（補償）年金の受給権者に、障害等級に応じて算定基礎日額の313日から131日分の年金 〈障害特別一時金〉 障害（補償）一時金の受給権者に、障害等級に応じて算定基礎日額の503日から56日分までの一時金
	介護（補償）給付	障害（補償）年金または傷病（補償）年金の受給権者が要介護状態になったとき、常時介護・随時介護の区分で支給される。	
死亡したとき	遺族（補償）給付	遺族（補償）年金は、一定の要件を満たす配偶者、子、父母、孫、祖父母、兄弟姉妹の順（生計維持要件は、労働者の収入によって生計の一部を維持していればよい）に支給される。先順位の者が権利を失った場合、次順位の者に受給権が移る転給の仕組みがあるのが特色。	〈遺族特別支給金〉 遺族の数にかかわらず300万円の一時金 〈遺族特別年金〉 遺族（補償）年金の受給権者に、遺族の数に応じて算定基礎日額の245日から153日分の年金 〈遺族特別一時金〉 遺族（補償）一時金が支給される場合に、算定基礎日額の1,000日分。ただし、②の場合は、既に支給された遺族特別年金の合計額を差し引いた額
		受給資格者数 / 年金額	
		1人 / イ：給付基礎日額の153日分　ロ：55歳以上の妻または5級以上の障害状態の妻の場合、給付基礎日額の175日分	
		2人 / 給付基礎日額の201日分	
		3人 / 給付基礎日額の223日分	
		4人以上 / 給付基礎日額の245日分	
		遺族補償年金を受ける権利を有する遺族の請求に基づき、遺族補償年金前払一時金を支給する。遺族補償年金前払一時金の額は、給付基礎日額の200日分、400日分、600日分、800日分、1,000日分の額のうち、遺族補償年金の受給権者が選択する額であり、受給権者はその一時金の支給を請求することができる。 遺族（補償）一時金は、①遺族（補償）年金の受給資格のある遺族がいないとき、②遺族（補償）年金を受けている人が失権し、他に年金を受ける人がいない場合であって、既に支給された年金の合計額が給付基礎日額の1,000日分に満たないときに支給される。	
	葬祭料・葬祭給付	死亡した労働者の遺族または葬祭をした者に支給される。	

（※1）給付名称中、業務災害については、「補償」が付き（たとえば「療養補償給付」）、通勤災害については「補償」が付かない（たとえば「療養給付」）。また、複数業務要因災害については、「複数事業労働者」が付く（たとえば「複数事業労働者療養給付」）。なお、葬祭料、葬祭給付、複数事業労働者葬祭給付は、それぞれ業務災害、通勤災害、複数業務要因災害に対する給付である。
（※2）労災保険の給付は非課税である。
（※3）算定基礎日額に基づいて支給される特別支給金をボーナス特別支給金という。算定基礎日額は、原則として、負傷・発病の日以前の1年間に受けた、3カ月を超える期間ごとに支払われたボーナス等の特別給与の総額等（算定基礎年額）を365で除して得た額である。複数の適用事業に就業している場合は、就業先ごとの算定基礎年額を合算した額を365で除して得た額である。

〔図表1-20〕特別加入が認められる事業主の基準

事業の種類	労働者数（常時）
金融業、保険業、不動産業、小売業	50人以下
卸売業、サービス業	100人以下
上記以外の業種	300人以下

等で就業の実態のない事業主については、家族従事者や役員のみを特別加入させることができる）。

　加入が承認されると、保険給付は原則として労働者と同様に行われる。ただし、ボーナス特別支給金は支給されない。給付基礎日額は、3,500円から2万5,000円の16段階のなかから、特別加入者が所得水準に見合った適正な額を申請し、承認を受ける。

（2）一人親方等、特定作業従事者

　労働者を使用せずに一定の事業を行う「一人親方等」や、労働者以外で一定の作業に従事する「特定作業従事者」も、労災保険に特別加入することができる。

　一人親方等の特別加入の対象者は、自動車を使用して行う旅客・貨物の運送、大工、左官、とび、船員などを、労働者を使用せず行うことを状態とする者（一人親方等）とその事業に従事する家族で、所定の要件を満たす者である。これらに加え、2021年（令和3年）には、柔道整復師、自転車を使用して行う貨物運送事業者（テイクアウトの料理等を自転車で配送する者）、2022年（令和4年）には、あん摩マッサージ指圧師、はり師、きゅう師、歯科技工士も一人親方等の特別加入の対象者となった。

　特定作業従事者の特別加入の対象者は、一定の農業用トラクターを使用する者、一定の危険有害な農作業を行う農作業従事者、プレス機械を使用する業務など危険な作業に従事する家内労働者およびその補助者、介護作業従事者・家事支援従事者（いわゆるホームヘルパー等）などである。これらに加え、2021年（令和3年）には、芸能関係作業従事者（俳優や監督・撮影等）、アニメーション制作作業従事者、ITフリーランスも特定作業従事者の特別加入の対象者となった。

　近年、特別加入制度の対象範囲が拡大されている背景には、働き方が多様化して雇用に類する働き方をする者が増える中で、フリーランスのセーフティネットの強化を求める動きが強まっていることが挙げられる。

　一人親方等、特定作業従事者の特別加入は、中小事業主の特別加入とは異なり、労働保険事務組合への委託は必要ないが、自営業者が組織した団体（特別加入団体）を通じて保

険関係を成立させなければならない。

　保険給付については、（1）の中小事業主の特別加入の場合と同様であるが、個人タクシー業者等の一部の者については通勤災害の適用がない。また、家内労働者は（1）の給付基礎日額に加え2,000円から3,000円の3段階の給付基礎日額も申請できる。

　なお、2023年（令和5年）5月12日に公布された「フリーランス・事業者間取引適正化等法」の施行（公布日より1年6カ月以内の政令で定める日）に伴い、一人親方等や特定作業従事者の特別加入制度の対象とならないフリーランスが、業種を問わず加入できる新たな特別加入制度が創設されることになった。

（3）海外派遣者

　日本国内の事業から海外の事業等に派遣される者も、要件を満たせば、特別加入ができる。また、一定の場合は、事業主等、労働者ではない立場で派遣される者も該当する。

　派遣の形態は、転勤、在籍出向、移籍出向などいずれでもよく、派遣の対象となる者のすべてが包括して加入する必要もない。ただし、日本国内の事業について、その期間が予定される有期事業の場合は、特別加入ができない（海外の事業が有期事業でもかまわない）。加入が承認されると、海外派遣者は事業に使用される労働者とみなされ、（1）の中小事業主の特別加入の場合と同様の保険給付が行われる。

実務上のポイント

- 労災保険は、一部の事業を除き1人でも労働者を使用している事業所は強制加入となる。
- パート、アルバイト、日雇労働といった雇用形態や労働時間にかかわらず、すべての労働者に適用される。
- 労災保険の保険料を計算する際に用いる保険料率は、事業の種類によって異なる。
- 労災保険において、出張中における移動中のケガは業務災害に該当する。
- 労災保険において、労働者が業務上の負傷または疾病により、労災指定病院で療養補償給付として受ける療養の給付については、労働者の一部負担金はない。
- 労災保険において、やむを得ず指定病院等以外で治療を受け立替払した場合は、療養の費用が支給される。
- 労働者が業務災害による療養のため労働することができないために賃金が受けられない場合、休業第4日目から休業補償給付が支給される。
- 労働者の業務災害による負傷または疾病が1年6カ月を経過しても治らない場合、一定の傷病等級に該当すれば、休業補償給付に代わって傷病補償年金として給付基礎日額の313日から245日分の年金が支給される。
- 労働者が業務上の負傷または疾病により死亡した場合に支給される遺族特別支給金は、遺族の数にかかわらず一時金として300万円である。
- 複数事業労働者の給付基礎日額は、それぞれの勤務先ごとに計算した給付基礎日額に相当する額を合算した額となる。
- 業務災害に該当しない場合でも、複数の勤務先の業務を要因として災害が発生したときは、複数業務要因災害として保険給付の対象となる。

第 5 節

雇用保険

雇用保険は、労働者が失業した場合や、60歳以後に給与が低下した場合などに必要な給付を行うほか、労働者が育児をするために休業をした場合などに給付を行う制度である。政府（厚生労働省）が保険者として運営し、公共職業安定所が窓口となっている。

❶ 雇用保険の仕組み

(1) 雇用保険の概要

雇用保険制度は、失業等給付、育児休業給付、雇用 2 事業（「雇用安定事業」および「能力開発事業」）といった、雇用に関する総合的な機能を有する制度である〔図表 1 － 21〕。

(2) 保険料

保険料は、労災保険の保険料と合わせて、年度分を事業主がまとめて納付する。失業等給付に係る保険料、育児休業給付に係る保険料、雇用 2 事業に係る保険料の 3 つに区分され、それぞれについて保険料率が定められている。このうち、失業等給付に係る保険料と育児休業給付に係る保険料は、労働者と事業主で労使折半し負担する（雇用 2 事業に係る保険料は全額事業主が負担する）。労働者が負担する保険料は、給与が支払われる都度天引きされる。

2024年度（令和 6 年度）の雇用保険料率とその内訳は〔図表 1 － 22〕のとおりで、2023年度（令和 5 年度）の保険料率が据え置かれた。

(3) 被保険者

適用事業に雇用される労働者は、適用除外者として定められた者に該当しない限り、被

〔図表1－21〕主な雇用保険給付

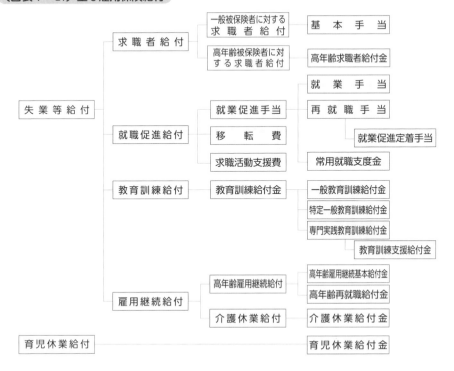

保険者となる。被保険者の種類は、就労の実態に応じて4種類があるが、以下、「一般被保険者」と「高年齢被保険者（65歳以上の者）」に限定し記述する。

　パートタイマーやアルバイトについては、次の①、②をいずれも満たす者は被保険者となる。

①　1週間の所定労働時間が**20時間以上**[注]

②　継続**31日以上**の雇用見込みがあること

[注] 2028年（令和10年）10月1日から、1週間の所定労働時間が10時間以上となり、適用対象者の範囲が拡大される予定である。

　なお、同時に2以上の事業主の適用事業に雇用されている場合であって、それぞれの適用事業で被保険者となる要件を満たす場合には、生計を維持するのに必要な主たる賃金を受ける雇用関係がある事業主の適用事業でのみ被保険者となる。いずれの適用事業でも被保険者となる要件を満たさない場合は、原則として被保険者とはならないが、65歳以上の者については、複数の事業所に就労している者が次の適用要件のすべてを満たす場合、

〔図表1－22〕2024年度（令和6年度）の雇用保険料率

事業の種類	負担内訳	失業等給付	育児休業給付	雇用2事業	保険料率
一般	労働者負担	4/1,000	2/1,000	負担なし	6/1,000
	事業主負担	4/1,000	2/1,000	3.5/1,000	9.5/1,000
	（合計）	8/1,000	4/1,000	3.5/1,000	15.5/1,000
農林水産等	労働者負担	5/1,000	2/1,000	負担なし	7/1,000
	事業主負担	5/1,000	2/1,000	3.5/1,000	10.5/1,000
	（合計）	10/1,000	4/1,000	3.5/1,000	17.5/1,000
建設	労働者負担	5/1,000	2/1,000	負担なし	7/1,000
	事業主負担	5/1,000	2/1,000	4.5/1,000	11.5/1,000
	（合計）	10/1,000	4/1,000	4.5/1,000	18.5/1,000

「労働者からの申出」により、特例的に2つの就労先について高年齢被保険者（マルチ高年齢被保険者）となる（マルチジョブホルダー制度）。任意脱退はできず、適用後に他の事業所で雇用された場合も、適用要件を満たさなくなった場合を除き、加入する事業所を任意に切り替えることはできない。

〈適用要件〉
① 複数の事業所に雇用される65歳以上の労働者
② 2つの事業所（1つの事業所における1週間の所定労働時間が5時間以上20時間未満）の労働時間を合計して1週間の所定労働時間が20時間以上
③ 2つの事業所のそれぞれの雇用見込みが31日以上

❷ 求職者給付

(1) 基本手当

求職者給付にはさまざまな給付があるが、そのうち中心となるのが一般被保険者を対象とした基本手当である。基本手当の支給要件や給付内容は以下のとおりである。

① 支給要件

原則として、離職の日以前の2年間に被保険者期間が12カ月以上あることが要件である。被保険者期間とは、被保険者であった期間のうち、離職の日から遡った1カ月の期間に、

賃金の支払基礎となる日数が11日以上ある月をいう。ただし、この要件を満たさない場合であっても、賃金の支払基礎となる労働時間数が80時間以上ある場合は、被保険者期間1カ月として取り扱われる(注)。これにより、たとえば1日8時間労働を週2日と3日の組合せで働いている者が失業した場合などにも、受給要件を満たす。また、**特定受給資格者(倒産や解雇など会社都合による失業等の場合)**は、前述の要件を満たさない場合でも**離職の日以前の1年間に、被保険者期間が6カ月以上あれば要件を満たす**。労働契約の満了時に契約の更新を希望したにもかかわらず更新されなかったため離職した有期契約労働者(いわゆる雇止め)についても、特定理由離職者として支給の要件である被保険者期間が特定受給資格者同様に緩和されている。

> 注 適用対象者の範囲の拡大に伴い、2028年(令和10年)10月1日より、賃金の支払基礎となる日数が6日以上、または賃金の支払い基礎となる労働時間数が40時間以上であるものを被保険者期間1カ月とする予定である。

② 所定給付日数

基本手当が受けられる日数を所定給付日数という。

この所定給付日数は、離職理由等(①自己都合、定年退職等の一般の離職者、②障害者等の就職困難者、③特定受給資格者)や算定基礎期間(被保険者であった期間)、離職日における年齢等によって異なる〔図表1−23〕。

また、特定理由離職者は所定給付日数が特定受給資格者に該当する離職者と同一とされている。

なお、雇用・失業の情勢や、地域の特殊事情等により、所定給付日数分の基本手当では十分ではないと判断される場合には、所定給付日数の延長が行われることがある。延長給付には、公共職業訓練を受講する場合における「訓練延長給付」、公共職業安定所長が個別に延長を認める「個別延長給付」、厚生労働大臣が職業に就くことが困難な地域と認める地域について延長を認める「広域延長給付」などがある。

個別延長給付は、就職困難者に関する延長給付と、就職困難者以外の者に関する延長給付に分類される。

就職困難者以外の者に関する延長給付は、特定受給資格者または特定理由離職者が、次のa.〜c.のいずれかに該当し、公共職業安定所長が厚生労働省令で定める基準(指導基準)に照らして、再就職を促進するために必要な職業指導を行うことが適当であると認められた場合に行われる。延長される日数は60〜120日を限度とし、a.〜c.のいずれに該当するか、算定基礎期間、所定給付日数などにより異なる〔図表1−24〕。

a.心身の状況が厚生労働省令で定める基準に該当する者

〔図表１−23〕 基本手当の所定給付日数

①一般の離職者（②および③以外の理由のすべての離職者。定年退職者や自己の意思で離職した者）

区分 算定基礎期間	1年未満	1年以上 10年未満	10年以上 20年未満	20年以上
65歳未満の全年齢	−	90日	120日	150日

②障害者等の就職困難者

区分 算定基礎期間	1年未満	1年以上
45歳未満	150日	300日
45歳以上65歳未満		360日

③特定受給資格者（倒産・解雇等による離職者）・特定理由離職者（いわゆる雇止め等による離職者）

区分 算定基礎期間	1年未満	1年以上 5年未満	5年以上 10年未満	10年以上 20年未満	20年以上
30歳未満	90日	90日	120日	180日	−
30歳以上35歳未満		120日	180日	210日	240日
35歳以上45歳未満		150日		240日	270日
45歳以上60歳未満		180日	240日	270日	330日
60歳以上65歳未満		150日	180日	210日	240日

（※）特定理由離職者の所定給付日数が特定受給資格者と同様になるのは、受給資格に係る離職の日が2027年（令和9年）3月31日までの間にあることが必要である。

〔図表１−24〕 個別延長給付における延長日数の限度

	右表以外	所定給付日数270日、330日[※]
a.に該当する受給資格者	60日を限度	30日を限度
b.に該当する受給資格者	120日を限度	90日を限度
c.に該当する受給資格者	60日を限度	30日を限度

（※）被保険者であった期間が20年以上ある場合に限る。

b．雇用されていた適用事業が、激甚災害の被害を受けたため、離職を余儀なくされた者、または離職したものとみなされる者であって、政令で定める基準に照らして職業に就くことが特に困難であると認められる地域として、厚生労働大臣が指定する地域内に居住する者

c．雇用されていた適用事業が、激甚災害その他の災害（厚生労働省令で定める災害に限る）の被害を受けたため、離職を余儀なくされた者、または離職したものとみなされる者（前記 b.に該当する者を除く）

③ **受給期間**

　基本手当の受給期間は、原則として**離職した日の翌日から1年間**である。ただし、算定基礎期間が1年以上の就職困難者であって、45歳以上65歳未満の受給資格者は1年に60日を加えた期間、算定基礎期間が20年以上であって、45歳以上60歳未満の特定受給資格者は1年に30日を加えた期間となる。この受給期間が経過した後は、たとえ**所定給付日数が残っていてもその受給資格に基づいた基本手当の支給を受けることはできない**。ただし、受給資格者の申出により、60歳以上の定年退職等による場合は最大**2年**、妊娠・出産・育児・病気・ケガ等のやむを得ない事情で引き続き30日間就業できない場合は、最大**4年**にそれぞれ受給期間を延長できる。延長の申出は、定年退職等の場合は、**離職の日の翌日**から2カ月以内に行う必要がある。妊娠・出産等の場合は、延長後の受給期間の最後の日まで申出可能であるが、申請が遅くなると、所定給付日数のすべてを受給できない可能性があるので留意が必要である。また、2022（令和4）年7月より、離職後に事業を開始し、その後廃業した場合等において、一定の要件を満たせば、当該事業の実施期間を最大3年間受給期間に参入しない特例が新設された。この場合は、事業を開始等した日の翌日から2カ月以内に申出をする必要がある。

④ **失業の認定・待期**

　基本手当を受けるためには、以下のように、本人の住所を管轄する公共職業安定所（ハローワーク）に出向いて求職の申込みをし、受給資格の決定を受けた後、失業について認定を受けた日について支給される。

　a．求職の申込み、受給資格の決定、失業の認定
- 基本手当を受けようとする者は、離職後に公共職業安定所へ求職の申込みをしなければならない。
- 基本手当を受けようとする者は、離職票に所定の書類を添えて、公共職業安定所に提出し、失業の認定日の決定を受け、受給資格者証の交付を受ける。
- 基本手当は、受給資格者が失業について認定を受けた日について支給される。
- 失業の認定は、受給資格者が離職後最初に出頭した日から起算して、**4週間に1回ずつ**直前の28日の各日について行われる。
- 受給資格者は、失業の認定を受ける場合、**失業認定申告書に受給資格者証を添え、失業の認定日に管轄公共職業安定所へ提出し、職業の紹介を求めなければならない**。なお、2022（令和4）年10月1日から、希望により、マイナンバーカードによる本人認証を活用することにより、受給資格者証に貼付する写真や失業の認定等の手続ごとの受給資格者証の持参が不要になった。

ｂ．待期

基本手当は、受給資格者が求職の申込みをした日以後、失業している日が通算して7日間（待期期間）は支給されない。

⑤ 給付制限

受給資格決定後、7日間の待期期間に加え、「離職理由による給付制限」を受けることがある。

離職理由による給付制限とは、自己都合退職や本人の責めに帰すべき重大な理由による解雇などの場合における給付制限のことである。原則として、7日間の待期期間に加え、自己都合退職の場合は2カ月 ^(注)（ただし過去5年間に自己都合退職により基本手当を既に2回受給しているときは3カ月）、本人の責めに帰すべき重大な理由による解雇の場合は3カ月の間、基本手当は支給されない（給付制限期間）。なお、会社都合退職やいわゆる雇止めによる離職等の場合は離職理由による給付制限は行われず、待期期間経過後の失業認定を受けた日について基本手当が支給される。

(注) 2025年（令和7年）4月1日より、給付制限の見直しが行われ、自己都合退職の場合の給付制限期間が1カ月となり、また、一定の教育訓練を受けた場合は、給付制限は行われなくなる予定である。

⑥ 基本手当日額の計算

基本手当日額は、賃金日額に当該賃金日額に応じた率を乗じて算出する。

賃金日額とは、被保険者期間として計算された最後の6カ月間に決まって支払われた賃金総額（賞与などを除く）を180で割った金額をいう。ただし、賃金日額には離職日における年齢に応じて〔図表1−25〕のとおり上下限がある。

> **基本手当日額**
>
> 賃金日額×賃金日額に応じた率（50〜80%）^(※)
> （※）60歳以上65歳未満の者については45〜80%。

〔図表1−25〕賃金日額・基本手当日額の上限と下限（2023年（令和5年）8月1日から）

年齢区分	賃金日額		基本手当日額	
	上限額	下限額	上限額	下限額
30歳未満	1万3,890円		6,945円	
30〜44歳	1万5,430円	2,746円	7,715円	2,196円
45〜59歳	1万6,980円		8,490円	
60〜64歳	1万6,210円		7,294円	

（※）金額は自動変更制度がとられており、厚生労働省の毎月勤労統計における労働者の平均給与額の変動により、通常は毎年8月1日以降変更することとされている。

（2）高年齢求職者給付金

65歳以上の被保険者（高年齢被保険者）が失業した場合、高年齢求職者給付金が支給される。高年齢求職者給付金の支給を受けるためには、離職の日以前の1年間に被保険者期間が通算して6カ月以上あることが必要である。

高年齢求職者給付金の額は、基本手当日額に算定基礎期間（被保険者であった期間）の区分に応じて〔図表1−26〕の日数を乗じて得た額（一時金）となる。なお、待期期間中は支給されない。

〔図表1−26〕高年齢求職者給付金

算定基礎期間	1年未満	1年以上
給付日数	30日分	50日分

❸ 就職促進給付、教育訓練給付

（1）就職促進給付

① 就業手当

基本手当の支給残日数が所定給付日数の3分の1以上、かつ、45日以上の受給資格者が次に述べる②の再就職手当の支給対象とならない常用雇用等以外の就業をした場合に支給される。

支給額は就労日ごとに**基本手当日額の30％に相当する額**（上限額あり）である。

🆖 安定した職業への就職を促進する観点などから、2025年（令和7年）4月1日より、就業手当は廃止される予定である。

② 再就職手当

基本手当の**支給残日数が所定給付日数の3分の1以上ある**受給資格者が安定した職業に再就職した場合や、一定の条件を備えて独立開業した場合に支給される。離職理由による給付制限を受けた場合の待期満了後1カ月間は、ハローワークによる紹介または一定の民間の職業紹介事業者の紹介による就職が支給対象となる。ただし、離職前の事業主等に再び雇用された場合や過去3年内に再就職手当を受給している場合は支給されない。

支給額は支給残日数により次のとおりとなる（上限額あり）。

> **再就職手当の支給額**
>
> ・支給残日数が所定給付日数の3分の2以上の場合
>   基本手当日額×所定給付日数の支給残日数×70％
> ・支給残日数が所定給付日数の3分の1以上3分の2未満の場合
>   基本手当日額×所定給付日数の支給残日数×60％

③ 就業促進定着手当

再就職した者が、再就職手当の支給を受けていること、**再就職の日から同じ事業主に6カ月以上雇用保険の被保険者として雇用されていること**、**再就職後6カ月間の賃金の1日分の額が離職前の賃金日額を下回る**ことのすべての要件を満たした場合に**一時金として支給**される。

支給額は、「（離職前の賃金日額－再就職後6カ月間の賃金の1日分の額）×再就職後6カ月間の賃金の支払基礎となった日数」である。

ただし、「基本手当日額×支給残日数×40％（再就職手当の給付率が70％の場合は30％）」の金額を上限とする^(注)。

なお、再就職後6カ月間の賃金の1日分の額とは、原則として「再就職後6カ月間の賃金の合計額÷180」である。また、再就職後6カ月間の賃金の支払基礎となった日数とは、月給制の場合は原則として暦日数、日給制・時間給制の場合は労働日数である。

🆖 2025年（令和7年）4月1日より、再就職手当の給付率によらず、「基本手当日額×支給残日数×20％」が、就業促進定着手当の上限となる予定である。

④ 求職活動支援費

求職活動に伴う一定の行為に対して支給される。

ハローワークの紹介による広域の地域にわたる求職活動に対して支給される広域求職活動費、ハローワークの職業指導に従って職業に関する教育訓練を受け、修了した場合などに支給される短期訓練受講費、求職活動を容易にするために子の一時預かりなどの役務を利用した場合に支給される求職活動関係役務利用費の 3 つに分けられる。いずれも、要件が定められ、要件を満たした場合に支給される。

なお、求職活動支援費は、基本手当の受給資格者だけでなく高年齢求職者給付金の受給資格者も対象となる。

(2) 教育訓練給付

教育訓練給付は、自ら費用を負担して、厚生労働大臣指定教育訓練講座（教育訓練）を受講し修了した場合に、支払った入学料および受講料の一部を支給するものである。教育訓練の目的等に応じて、一般教育訓練給付金、特定一般教育訓練給付金、専門実践教育訓練給付金に分類され^(注)、支給額等が異なる。なお、一般教育訓練給付金が、雇用の安定および就職の促進を図るために必要な教育訓練が対象となるのに対し、特定一般教育訓練給付金は、そのなかでも速やかな再就職および早期のキャリア形成に資する教育訓練が対象となる。専門実践教育訓練給付金の対象となるのは、中長期的なキャリア形成に資する専門的かつ実践的な教育訓練である。

支給要件は、教育訓練を開始した日に一般被保険者または高年齢被保険者である者か、**一般被保険者または高年齢被保険者でなくなった日から原則として 1 年以内にある者が対象**である。

なお、この 1 年の期間中に、妊娠・出産・育児・疾病・負傷その他やむを得ない事情で、引き続き30日以上教育訓練を開始することができない場合は、申出により教育訓練を開始できない日数を 1 年に加算することができる（加算された期間が20年を超えるときは20年）。

注 2025年（令和 7 年）10月 1 日より、新たな教育訓練給付として、教育訓練休暇給付金が創設される予定である。これは、被保険者が、教育訓練のために無給の休暇を取得した場合に、一定の要件のもとに、基本手当に相当する額が支給されるものである。

① 一般教育訓練給付金・特定一般教育訓練給付金

受講開始日現在で被保険者であった期間が 3 年（初めて支給を受けようとする者については 1 年）以上ある者が、前回の教育訓練給付金受給から 3 年以上経過していることなど

〔図表1−27〕一般教育訓練給付金・特定一般教育訓練給付金

支給対象者	被保険者であった期間が3年（初めて支給を受ける場合、1年）以上
支給額	教育訓練の受講のため支払った費用の20％（10万円限度）、特定一般教育訓練金は、40％（20万円限度）、4,000円を超えない場合は支給しない。
支給制限期間	前回の支給を受けた日から3年以上経過していること

〔図表1−28〕専門実践教育訓練給付金

支給対象者	被保険者であった期間が3年（初めて支給を受ける場合、2年）以上
支給額	a. 教育訓練の受講のため支払った費用の50％ 　その額が120万円を超える場合は120万円（4年の修業が規定されている長期実践訓練の場合は、160万円を超える場合は160万円）まで b. 専門実践教育訓練の受講を修了し定められた資格等を取得して受講修了日の翌日から1年以内に被保険者として雇用された者または既に雇用されている者には、a. の額に20％が追加支給される。この場合、既に給付された a. の額と20％の追加支給の合計は70％となるが、その額が168万円を超える場合は168万円（4年の修業が規定されている長期実践訓練の場合は、224万円を超える場合は224万円）まで
支給制限期間	前回の支給を受けた日から3年以上経過

〔図表1−29〕教育訓練支援給付金（受講開始日が2025年（令和7年）3月31日まで）

支給対象者	初めて専門実践教育訓練（通信制・夜間制を除く）を受講する者 受講開始時45歳未満など一定の要件を満たす者で訓練期間中、失業状態にある場合
支給額	1日当たり基本手当日額の80％（基本手当が受けられない期間）

を要件に、厚生労働大臣の指定する教育訓練を受講し修了した場合に支給される〔図表1−27〕。

　支給される額は、教育訓練施設に支払った入学料および受講料の20％（特定一般教育訓練給付金は40％）に相当する額である。ただし、その額が10万円を超える場合は10万円（特定一般教育訓練給付金は20万円）とされ、4,000円を超えない場合は支給されない。

　支給申請は、教育訓練の終了日の翌日から1カ月以内に行う必要がある。

　なお、2024年（令和6年）10月1日より、特定一般教育訓練給付金については、訓練終了後に資格取得等をした場合に、入学料および受講料の10％が追加で給付されるようになる予定である。

② **専門実践教育訓練給付金**

　受講開始日現在で被保険者であった期間が3年（初めて支給を受けようとする者につい

ては2年）以上ある者（前回の教育訓練給付金受給から3年以上経過していることが必要）が、厚生労働大臣の指定する教育訓練を受講し修了した場合に支給される〔**図表1-28**〕。

　支給される額は、教育訓練施設に支払った入学料および受講料の**50％**相当額である。ただし、その額が120万円を超える場合は120万円（1年間40万円で、最大3年、4年の修業が規定されている長期実践訓練で160万円を超える場合は160万円）までとなっている。

　また、専門実践教育訓練の受講を修了した後、所定の資格等を取得し、受講修了日の翌日から**1年以内**に被保険者として雇用された者または既に雇用されている者に対しては、入学料および受講料の20％に相当する額（1年間の上限は16万円）が追加して支給される。

　この場合、既に給付された50％と追加給付20％を合わせた70％に相当する額が支給されることとなるが、その額が168万円を超える場合は**168万円**（4年の修業が規定されている長期専門実践訓練の場合は、224万円を超える場合は224万円）までとなっている。

　なお、2024年（令和6年）10月1日より、訓練受講前後で賃金が一定以上上昇した場合に、入学料および受講料の10％がさらに追加で給付されるようになる予定である。

③　教育訓練支援給付金

　専門実践教育訓練給付金の対象となる失業者が、専門実践教育訓練を受講する場合に、訓練受講をさらに支援するために、失業している日について支給される〔**図表1-29**〕。ただし、受講開始日に**45歳未満**であること、過去に教育訓練支援給付金を受けたことがないこと、基本手当を受けられないこと（所定給付日数分の基本手当を受け終わった場合を含む）などの要件を満たす必要がある。

　支給される額は、1日当たり**基本手当の80％**^(注)に相当する額である。

🏷 教育訓練支援給付金は、受講開始日が2025年（令和7年）3月31日までの時限措置であったが、支給額を基本手当の60％に引き下げた上で、受講開始日が2027年（令和9年）3月31日までに延長される予定である。

④ 雇用継続給付

　雇用継続給付は、雇用の継続が困難となる事由が生じた場合、職業生活の円滑な継続を援助、促進したり、再就職を一層促進することを目的としている。定年後などに給与が減額した場合に受けられる高年齢雇用継続給付と、家族の介護のために休業する場合に受けられる介護休業給付がある。

(1) 高年齢雇用継続給付

高年齢雇用継続給付には、「高年齢雇用継続基本給付金」と「高年齢再就職給付金」の2つの給付がある。

① 高年齢雇用継続基本給付金（基本手当を受けず働く場合）

高年齢雇用継続基本給付金は、算定基礎期間に相当する期間（被保険者であった期間）が5年以上ある60歳以上65歳到達月までの一般被保険者に対して支給対象月[注1]に支払われた賃金の額がみなし賃金日額[注2]に30を乗じて得た額（60歳到達時賃金月額）の75%未満となる月に支給される。賃金の低下率が61%未満の場合、支給対象月の賃金額の15%[注3]が支給される。61%以上75%未満の場合は、厚生労働省令で定める15%から一定の割合で逓減する支給率を乗じた額が支給される〔図表1－30〕。

② 高年齢再就職給付金（基本手当を受け再就職した場合）

算定基礎期間（被保険者であった期間）が5年以上に基づく基本手当を受け、60歳以降に再就職し雇用保険の一般被保険者となった場合で、再就職後の支給対象月[注1]に支払われた賃金が、基本手当日額の算定基礎となった賃金日額に30を乗じた額（離職時の賃金月額）の75%未満となる月に支給され、支給額は①の計算と同じである。

基本手当の支給残日数が100日以上のとき支給され、支給期間は、支給残日数が200日未満である場合は1年、200日以上である場合は2年となる（ただし、65歳に達する月が限度）。

なお、再就職手当を受けたときは支給されない。

①②とも支給額は、支給対象月に支払われた賃金と合わせ37万452円（毎年8月に改定）が限度となる。

注1 支給対象月は、60歳に達した日の属する月から65歳に達する日の属する月までの期間内の月に限る。

注2 みなし賃金日額とは、被保険者が60歳に達した日（60歳時点で被保険者であった期間が5年に満たないときは5年以上となるに至った日）を離職の日とみなして算定される賃金日額に相当する額をいう。

〔図表1－30〕高年齢雇用継続基本給付金の支給額

支給対象月の賃金額の60歳到達時賃金月額に対する割合	支給額
75%以上	支給されない
61%以上75%未満	支給対象月の賃金額×厚生労働省令で定める15%から一定の割合で逓減する率
61%未満	支給対象月の賃金額×15%

注3 2025年（令和7年）4月1日から支給率の上限は、賃金額の15％から賃金額の10％に縮小される（賃金の低下率が64％未満の場合）。

高年齢再就職給付金の支給期間

- ・支給残日数200日以上……2年間
- ・支給残日数100日以上200日未満……1年間

（2）介護休業給付（介護休業給付金）

　一般被保険者または高年齢被保険者が**対象家族（配偶者・父母・子・祖父母・兄弟姉妹・孫・配偶者の父母）**を介護するために、**介護休業を開始した日前2年間**に賃金支払の基礎となった**日数が11日以上ある月**（時間数が80時間以上である月を含む）が**12カ月以上**であるときに、支給単位期間[注]について**支給される**。

　給付金の支給対象となる休業は、**1支給単位期間における就業日数が10日以下**であるものに限り対象となり、被保険者が介護休業する期間について、その初日および末日を明らかにして事業主に休業の申出をするなど一定の要件を満たす場合に支給される。

　支給回数等の制限は、**同一の家族については3回までの分割取得が可能**であり、**93日を限度**として支給される。

　支給額は、1支給単位期間（原則1カ月）当たり次の金額である。

注 支給単位期間とは、休業開始日から起算した1カ月ごとの期間（休業終了日を含む場合は休業終了日までの期間）。

介護休業給付の支給額

休業開始時賃金日額×支給日数×67％

　賃金日額（休業前6カ月の賃金の合計額を180で割った額）に支給日数の30を乗じた賃金月額は、50万9,400円が限度で、8万2,380円未満は8万2,380円となる。これに伴い介護休業給付の支給額の上限額は、34万1,298円となる（毎年8月に改定）。

❺ 育児休業給付

　育児休業給付は、被保険者が子を養育するために休業した場合に、一定の要件のもとに支給される給付である。

育児休業給付には、「出生時育児休業給付金」と「育児休業給付金」がある^(注)。いずれの給付も、**休業開始前2年間に賃金支払の基礎となった日数が11日以上ある月**（時間数が80時間以上である月を含む）が**12カ月以上ある**ことが要件となる。

注 2025年（令和7年）4月1日より、出生後休業支援給付金、育児時短就業給付金が創設され、雇用保険制度上は、従来の育児休業給付とあわせて育児休業等給付として位置づけられる予定である。

（1）出生時育児休業給付金

被保険者が「出生時育児休業」（産後パパ育休）を取得した場合に支給される。出生時育児休業とは、子の出生日から8週間を経過する日の翌日までの期間内に、4週間以内の期間を定めて取得する休業のことである（2回まで分割取得可）。

支給額は、休業期間の日数に応じて、次の金額となる。

出生時育児休業給付金の支給額

休業開始時賃金日額×休業期間の日数（28日が上限）×67%^(注)
※休業開始時賃金日額、支給額の上限等は（2）育児休業給付金を参照

注 2025年（令和7年）4月1日より、一定の要件のもとに出生後休業支援給付金（給付率13%）が支給され、出生時育児休業給付金と合わせると給付率が80%となる予定である。

（2）育児休業給付金

被保険者が「育児休業」を取得した場合に支給される。育児休業とは、原則として1歳未満の子を養育するための休業である。ただし、母親だけでなく父親も育児休業を取得して育児に参加する場合（パパ・ママ育休プラス）は**1歳2カ月未満の子を養育するために**育児休業を取得することができる。また、保育園に入れない等の場合は1歳6カ月未満の子を、1歳6カ月に達しても保育園に入れない等の場合は2歳未満の子を養育するために育児休業を取得することができる。1支給単位期間（原則1カ月）^(注1)あたりの支給額は、次の金額となる。

育児休業給付金の支給額

休業開始時賃金日額×支給日数×67%^(注2)（育児休業開始から181日目以降は50%）

注1 支給単位期間とは、休業開始日から起算した1カ月ごとの期間（休業終了日を含む場合は休業終了日までの期間）
注2 2025年（令和7年）4月1日より、一定の要件のもと、産後休業後8週間以内の期間等については出

生後休業支援給付金（上限28日間）が支給され、育児休業給付金と合わせると給付率が80％となる予定である。

休業開始時賃金日額は、原則として育児休業開始前（産前産後休業を取得した場合は産前産後休業開始前）6カ月の賃金の合計額を180で割った額である。

支給日数は、育児休業終了日が属する支給単位期間は休業終了日までの日数、それ以外の支給単位期間は30である。

なお、出生時育児休業給付金が支給された日数は、支給率67％の上限日数である180日に通算される。

休業開始時賃金日額の上限額は1万5,430円、下限額は2,746円である。これに基づいて計算すると、育児休業給付金の支給単位期間あたりの支給額の上限額は、31万143円（育児休業開始から181日目以降は23万1,450円）となる。出生時育児休業給付金の場合は、休業期間の日数の上限が28日であることから上限額は28万9,466円となる。

なお、支給単位期間に、**休業開始時賃金月額**（休業開始時賃金日額×30）**の13％**（支給率が50％の場合は30％）**を超えて、賃金が支払われる場合は育児休業給付金の額が減額され、80％以上支払われる場合は、育児休業給付金は支給されない**。出生時育児休業給付金の場合は、休業開始時賃金日額×休業期間の日数の13％を超えて賃金が支払われる場合に減額され、80％以上の場合は支給されない。

（3）育児休業の分割取得等への対応

2022年（令和4年）10月1日より、育児・介護休業法が改正され、出生時育児休業が創設されたことや育児休業の分割取得が可能となったことに伴い、雇用保険法でも、出生時育児休業給付金が創設され、また分割取得に対応して育児休業給付を受けられるように改正が行われた。ただし、分割取得をする場合でも、支給要件となる被保険者期間の確認や、休業開始時賃金日額の計算を行うのは、同一の子について育児休業（出生時育児休業を含む）を初めて取得した時のみである。

なお、分割取得等に関する改正の概要は以下のとおりである。

まず、従来は、配偶者が死亡するなど例外事由に該当する場合を除き、同一の子について育児休業を取得できるのは1回のみであったが、1歳（パパ・ママ育休プラスの場合は1歳2カ月）未満の子を養育する育児休業については、分割して2回まで取得できることとなった。また、子の出生後8週間以内に父親が取得する育児休業については、改正前もそれ以降の期間とは別に取得可能であったが、改正後は、「出生時育児休業」として位置づけられた。また、出生時育児休業の期間は出生後8週間の期間のうち4週間以内で、4

〔図表1-31〕育児休業の分割取得（例）

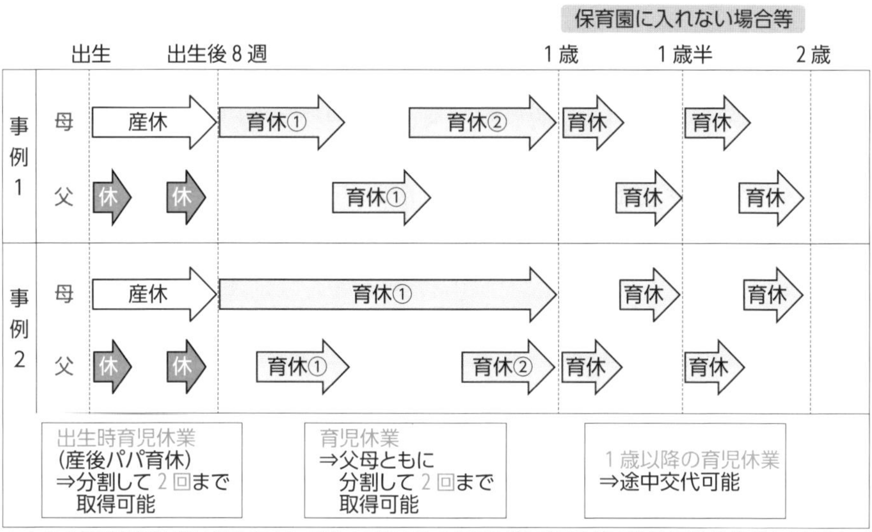

※1歳未満の育児休業は例外事由に該当する場合は3回目以降の取得が可能（育児休業給付も支給される）

回数制限の例外事由

Ⅰ．別の子の産前産後休業、育児休業、別の家族の介護休業が始まったことで育児休業が終了した場合で、新たな休業が対象の子または家族の死亡等で終了した場合

Ⅱ．育児休業の申し出対象である1歳未満の子の養育を行う配偶者が、死亡、負傷等、婚姻の解消でその子と同居しないこととなった等の理由で、養育することができなくなった場合

Ⅲ．育児休業の申し出対象である1歳未満の子が、負傷、疾病等により、2週間以上の期間にわたり世話を必要とする状態になった場合

Ⅳ．育児休業の申し出対象である1歳未満の子について、保育所等での保育利用を希望し、申し込みを行っているが、当面その実施が行われない場合

週間を2回まで分割して取得できることとなった〔図表1-31〕。

実務上のポイント

- 雇用保険は、パートタイマーやアルバイトであっても、1週間の所定労働時間が20時間以上であり、継続して31日以上雇用されることが見込まれる者はその対象になる。
- 雇用保険の保険料は一部を被保険者が負担し、残りを事業主が負担する。
- 雇用保険の保険料率は事業の種類により異なる。
- 雇用保険の基本手当は、65歳未満の被保険者（一般被保険者）で、離職日以前2年間に雇用保険の被保険者期間が通算して12カ月以上で、働く意思と能力がある者が求職活動を行っているときに支給される。倒産・解雇等で離職した場合は、離職日までの1年間に被保険者期間が6カ月以上あればよい。
- 雇用保険の基本手当の受給期間は、原則として離職した日の翌日から1年間である。
- 基本手当は、離職理由によらず、求職の申込みをした日以後に、失業している日が通算して7日間（待期期間）は支給されない。
- 自己都合退職の場合、待期期間に加え離職理由による給付制限が設けられるが、給付制限期間は、5年間のうち2回までに限り、2カ月である。
- 20年以上勤務している65歳未満の者が自己都合または定年退職した場合、雇用保険の基本手当の所定給付日数は150日である。
- 20年以上勤務している45歳以上60歳未満の者が倒産や解雇で離職した場合、雇用保険の基本手当の所定給付日数は330日である。
- 雇用保険の高年齢求職者給付金は、離職の日以前1年間に被保険者期間が6カ月以上ある65歳以上の被保険者（高年齢被保険者）が離職し、離職の日の翌日から起算して1年を経過する日までに求職の申込みをした場合、一時金として支給される。
- 雇用保険の就業促進定着手当は、再就職手当の支給を受けた人が、引き続きその再就職先に6カ月以上雇用され、かつ再就職先で6カ月間に支払われた賃金の1日分の額が、離職前の賃金日額を下回る場合に一時金として支給される。
- 雇用保険の高年齢雇用継続基本給付金は、被保険者であった期間が5年以上ある60歳以上65歳到達月までの被保険者が、原則として、60歳以降の賃金が60歳時点に比べ、75％未満に低下した状態で働く場合に支給され、60歳時点の賃金の61％未満に

低下した場合に支給率は最大となり、各月の賃金の15%相当額が支給される。
- 雇用保険の介護休業給付は、被保険者が配偶者・父母・子・祖父母・兄弟姉妹・孫・配偶者の父母を介護するために休業した場合に、休業開始時賃金日額の67%相当額が支給されるが、支給対象は休業開始から通算93日（3回まで分割可）までである。
- 雇用保険の育児休業給付は、被保険者が満1歳（両親がともに育児休業を取得する場合は1歳2カ月、保育所に入れない場合は1歳6カ月もしくは2歳）未満の子を養育するために育児休業した場合に支給される。
- 雇用保険の育児休業給付は、休業開始時賃金日額の67%（休業開始から181日目以降は50%）が支給される。

第 **2** 章

公的年金

公的年金の特徴

　年金制度には、公的年金と私的年金があり、公的年金は国民年金と厚生年金保険、私的年金は企業年金と個人年金に分かれる〔図表2－1〕。

❶ 年金制度の全体像

　日本の年金制度は、3階建ての体系となっている。1階部分は全国民共通の「国民年金（基礎年金）」である。2階以上の部分は職業等により異なるが、被用者の場合は、2階部分に報酬比例の年金を支給する「厚生年金保険」、3階部分に企業が実施する「企業年金」や老後資金を自助努力で準備する「個人年金」がある。自営業者や被用者の被扶養配偶者の場合は、2階以上の部分に、自助努力による制度がある。このうち、1階部分の国民年金と2階部分の厚生年金保険を公的年金という〔図表2－2〕

〔図表2－1〕年金制度の全体像（概要）

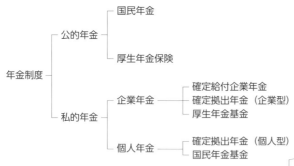

〔図表2－2〕年金制度の体系

（加入者数は2023年（令和5年）3月末時点の数値）

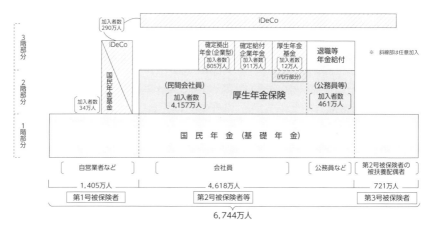

（※1）厚生年金基金、確定給付企業年金の加入者は、確定拠出年金（企業型）にも加入できる。
（※2）国民年金基金の加入員は、確定拠出年金（個人型）にも加入できる。
（※3）第2号被保険者等は、厚生年金被保険者のことをいう（第2号被保険者のほか、65歳以上で老齢または退職を支給事由とする年金給付の受給権を有する者を含む）。
資料：企業年金連合会

　公的年金は、強制加入の社会保険方式を採用しており、給付の財源は、保険料を基本としている。基礎年金の給付に必要な費用の2分の1は国庫（税）負担となっている。以前は、国庫負担は3分の1であったが、2009年度（平成21年度）から臨時財源や年金特例公債（つなぎ国債）により2分の1に引き上げられ、2014年度（平成26年度）以降は、消費税の引上げに伴う増税分により、恒久的に国庫負担2分の1が実現することとなった。さらに、将来世代の給付に備えるために一定割合の積立金も保有している。

　企業年金には、確定給付企業年金、確定拠出年金の企業型年金、厚生年金基金などがあり、会社員の老後生活の充実に貢献している。自助努力の個人年金制度としては、国民年金の被保険者を対象とする確定拠出年金の個人型年金や国民年金基金がある。

❷ 年金額の改定のルール

　年金額は物価や賃金の変動に応じて毎年度改定される。原則として、名目手取り賃金変動率が、物価変動率を上回る場合、新規裁定者（67歳以下の人）の年金額は名目手取り賃

金変動率を、既裁定者（68歳以上の人）の年金額は物価変動率を用いて改定することが法律により定められている。

　しかしながら、2024年度（令和6年度）の年金額の改定においては、物価変動率が名目手取り賃金変動率を上回ったことから、新規裁定者、既裁定者ともに名目手取り賃金変動率（＋3.1％）を用いて改定することとなった（〔図表2-4〕の⑥）。さらに2024年度（令和6年度）のマクロ経済スライドによる調整（▲0.4％）が行われる。その結果、2024年度（令和6年度）の年金額の改定率は、＋2.7％となった。〔図表2-3〕

　・物価変動率…3.2％
　・名目手取り賃金変動率…3.1％
　・マクロ経済スライドによるスライド調整率…▲0.4％
　・2024年度（令和6年度）の年金額の改定率…2.7％

① 　名目手取り賃金変動率

　「名目手取り賃金変動率」とは、2年度前から4年度前までの3年度平均の実質賃金変

〔図表2-3〕2024年度（令和6年度）の年金額の改定について

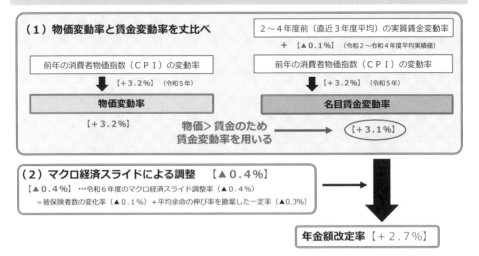

資料：厚生労働省

動率に前年の物価変動率と可処分所得割合変化率を乗じたものである。実質賃金変動率と可処分所得割合変化率は、標準報酬月額などと保険料率のデータを用いて算出する。

2024年度（令和6年度）の名目手取り賃金変動率

名目手取り賃金変動率（3.1%）
＝物価変動率（3.2%）＋実質賃金変動率（▲0.1%）＋可処分所得割合変化率（0.0%）
　（2023年の値）　　　（2020〜2022年度の平均）　　　　（2021年度の値）

② マクロ経済スライド

「マクロ経済スライド」とは、公的年金被保険者の変動と平均余年の伸びに基づいて、スライド調整率が設定され、その分を賃金と物価の変動がプラスとなる場合に改定率から控除するものである。この仕組みは、2004年（平成16年）の年金制度改正において導入されたもので、マクロ経済スライドによる調整を計画的に実施することは、将来世代の年金の給付水準を確保することにつながる。

2024年度（令和6年度）のスライド調整率

マクロ経済スライドによるスライド調整率（▲0.4%）
　公的年金被保険者総数の変動率（▲0.1%）＋平均余命の伸び率（▲0.3%）＝▲0.4%
　　（2020〜2022年度の平均）　　　　　　　　　　（定率）

③ マクロ経済スライドの未調整分等について

「マクロ経済スライドの未調整分」とは、マクロ経済スライドによって前年度よりも年金の名目額を下げないという措置は維持したうえで、調整しきれずに翌年度以降に繰り越された未調整分を指す。未調整分を翌年度以降に繰り越して調整する仕組み（キャリーオーバー）は、2016年（平成28年）の年金制度改正において導入されたもので、現在の高齢世代に配慮しつつ、マクロ経済スライドによる調整を将来世代に先送りせず、できる限り早期に調整することにより、将来世代の給付水準を確保することにつながる。なお、2024年度（令和6年度）においては、未調整分はない。

また、2021年（令和3年）4月より、賃金や物価の変動による改定について、賃金の変動が物価の変動を下回る場合に、賃金の変動に合わせて改定する考え方が徹底されることとなった。これは、公的年金の給付水準を、支え手である現役世代の負担能力に応じたものとする観点から行われるものである。2024年度（令和6年度）はこのルールが適用され

た。

④ 2024年度（令和 6 年度）の改定について

2024年度（令和 6 年度）の改定は、物価変動率（3.2%）が名目手取り賃金変動率（3.1%）を上回ったため、年齢にかかわらず、名目手取り賃金変動率（3.1%）を用いて改定されることになり、さらにマクロ経済スライドによる調整も行われ、結果として＋2.7%を基準に行われた。ただし、2023年度（令和 5 年度）において、新規裁定者と既裁定者の改定率が異なったため（〔図表 2 － 4 〕の①）、2024年度（令和 6 年度）の年金額の算定に用いられる改定率は、生年月日によって異なることになる。なお、この書籍においては、原則、1956年（昭和31年） 4 月 2 日以降生まれの人（68歳以下）の金額で記載するものとする。

〔図表 2 － 4 〕年金額の改定（スライド）のルール

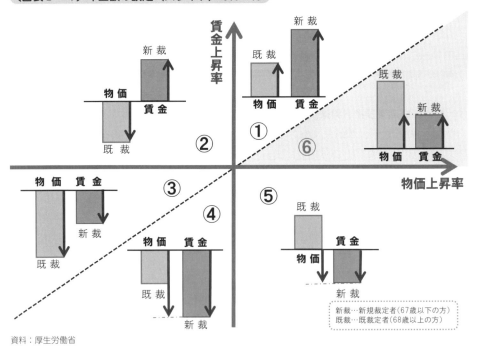

資料：厚生労働省

第2節

国民年金

① 国民年金の目的と制度の概要

　国民年金は、国内に住所を有する20歳以上60歳未満のすべての者が加入する年金制度であり、老齢、障害、死亡の保険事故が生じたときに、必要な給付を行うことによって、健全な国民生活の維持・向上に寄与することを目的としている。

　厚生年金保険の加入者は、国民年金にも加入することになる。つまり2階建ての年金制度に同時に加入することになる。

　国民年金は、給付要件を満たす者に対し、すべての者に共通の基礎的な年金給付として基礎年金を支給する。なお、厚生年金保険の加入期間がある者には、この基礎年金に上乗せしてその加入期間分の「報酬比例の年金」が支給される。

(1) 保険者

　国民年金の運営を行う保険者は、政府（厚生労働省）であり、その業務を行う機関として日本年金機構（年金事務所）がある。国民年金の事務は主に日本年金機構で行われているが、加入手続など一部の窓口事務は市区町村に委任されている。また、各共済組合と国家公務員共済組合連合会、地方公務員共済組合連合会、日本私立学校振興・共済事業団等も国民年金の事務の一部を行っている。なお、年金の請求に関する裁定の手続は、年金事務所で行っており、年金の支払は厚生労働大臣の名のもとに日本年金機構で行われている。

(2) 被保険者（強制被保険者）

　国民年金の被保険者は、3種類に区分される〔図表2－5〕。

①　第1号被保険者

　日本国内に住所を有する20歳以上60歳未満の者で、②および③に該当しない自営業者や無職の者等が第1号被保険者になる。なお、国籍は問わない。

〔図表2－5〕 強制加入被保険者の種類

		厚生年金保険加入者	
国民年金制度➡	第1号被保険者 （自営業者、学生等）	第2号被保険者	第3号被保険者 (第2号被保険者の被扶養配偶者)

　20歳以上の大学生・専修学校の学生などは第1号被保険者として強制的に国民年金に加入することとなるが、本人の所得が一定額以下であれば、申請により保険料の納付が猶予される（学生納付特例）。

② **第2号被保険者**

　厚生年金保険の被保険者は国民年金の第2号被保険者となる。国内に居住しているか否かや国籍も問わない。第2号被保険者に支給される基礎年金の原資は、厚生年金保険制度から国民年金制度に対して基礎年金拠出金として拠出されるので、第2号被保険者は個別に国民年金の保険料を納める必要はない。つまり、毎月の厚生年金保険料の中に含まれることとなる。

　なお、20歳未満または60歳以上の者であっても、厚生年金保険の被保険者である場合は、国民年金の第2号被保険者となる。ただし、65歳以上の厚生年金保険の被保険者で、老齢を事由とする年金を受けることができる者は除かれる。

③ **第3号被保険者**

　国民年金保険の第2号被保険者の被扶養配偶者で、20歳以上60歳未満の者が第3号被保険者になる。会社員等の妻（夫）である専業主婦（夫）などが該当する。原則として国内に居住していることが要件となっている。ただし、配偶者である第2号被保険者の外国赴任に同行する場合や、外国に留学する場合など、渡航目的等を考慮して国内に生活の基盤があると認められるときは、第3号被保険者となる（海外特例）。この場合は、海外特例に該当することの届出が必要となる。

　第2号被保険者の配偶者でも扶養関係にない場合は第3号被保険者にならない。配偶者自身が自営業を営んでいて相当の収入がある場合等は、第1号被保険者となる。

　扶養関係の認定基準は被扶養配偶者の収入で判断される。年間収入が130万円（障害等級3級以上の障害者であれば180万円）未満で、かつ、原則として、被保険者の年間収入の2分の1未満であれば扶養関係があると判断され、それ以上の場合は第1号被保険者になる。

　第3号被保険者の国民年金の保険料は、配偶者が加入している厚生年金保険制度から国民年金制度に対して基礎年金拠出金として拠出されるため、第3号被保険者自身が個別に

保険料を納める必要はない。老齢基礎年金額の計算においては、第3号被保険者であった期間は保険料納付済期間として計算される。

また、過去の第3号被保険者の未届期間は、原則として2年に限り遡って届出が認められているが、やむを得ない事由による届出の遅滞と認められるときは、2年を超える期間についても、特例的に届出をすることができ、届出に係る期間は保険料納付済期間となる。

なお、第3号被保険者期間に重複する第2号被保険者期間が新たに判明し年金記録が訂正された場合等に、それに引き続く第3号被保険者期間についても保険料納付済期間として取り扱われる。

(3) 任意加入被保険者

強制被保険者の適用から除外されていても、将来の年金の受給につなげたい場合は、本人の希望によって国民年金に任意に加入できる（任意加入被保険者）。次に該当する者は任意加入することができ、この場合は保険料を納付した期間が、第1号被保険者としての保険料納付済期間とみなされる。ただし、老齢基礎年金の繰上げ支給を受けている者は、任意加入できない。

① 日本国内に住所を有する60歳以上65歳未満の者
② 外国に居住している20歳以上65歳未満の日本国籍の者

任意加入被保険者の資格は、市区町村役場または年金事務所で厚生労働大臣に申し出た日に取得する。また、厚生労働大臣に申し出ればいつでも資格を喪失することができる（保険料納付済月数が480月に達した場合等には、その時点で強制的に資格を喪失する）。

なお、海外に居住している者は、当該者の日本国内における最後の住所地を管轄する年金事務所または市区町村役場（日本国内に住所を有したことがない者は、東京都千代田区にある千代田年金事務所）で行う。

65歳になっても老齢基礎年金の受給資格期間を満たしていない1965年（昭和40年）4月1日以前に生まれた者は、特例的に70歳まで任意加入することができる（特例任意加入被保険者）。この場合は、受給資格期間を満たす目的で加入できるが、既に受給資格を得ている者が年金額を増やす目的では加入することはできない。

❷ 加入の手続と保険料

第1号被保険者は、国内に住所を有するようになったときなど加入の条件に該当したと

きから14日以内に住民票のある市区町村役場で被保険者資格取得の届出を提出しなければならない。この場合、本人が直接届出を行うほかに、郵送による届出および親等の代理人による届出もできることになっている。

　第2号被保険者は、厚生年金保険の被保険者で、第2号被保険者としての手続を事業主が行うことになっている。したがって、被保険者は改めて資格取得の手続をする必要はない。

　第3号被保険者に関する資格取得の届出は、配偶者が事業主を経由して日本年金機構に提出する。

(1) 被保険者の資格取得

　国民年金の被保険者の資格は、次のいずれかに該当するようになった日に取得する。
① 　20歳に達したとき（満年齢には誕生日の前日に達するので、20歳の誕生日の前日）
② 　20歳以上60歳未満の者が、日本国内に住所を有するようになったとき
③ 　20歳未満の者または60歳以上の者が、厚生年金保険の被保険者になったとき（ただし、65歳以上の被保険者で、老齢を事由とする年金を受けることができる者は除く）

(2) 被保険者の資格喪失

　国民年金の被保険者の資格は、次のいずれかに該当した日の翌日（③〜⑤の場合は該当した日）に喪失する。
① 　死亡したとき
② 　第1号被保険者が日本国内に住所を有しなくなったとき。第2号被保険者の資格は日本国内に住所を有しなくなった場合でも継続する
③ 　60歳に達したとき（60歳の誕生日の前日）。ただし、厚生年金保険に加入し続けるときは、原則65歳に達するまで国民年金の被保険者資格は継続する
④ 　厚生年金保険法の老齢給付の受給者となったとき。ただし、厚生年金保険に加入し続けているときは、原則65歳に達するまで国民年金の被保険者資格は継続する
⑤ 　厚生年金保険の被保険者がその資格を喪失したとき。ただし、第1号、第2号および第3号被保険者に該当するときは、国民年金の被保険者資格は継続する
⑥ 　第2号被保険者の被扶養配偶者（第3号被保険者）でなくなったとき。ただし、第1号および第2号被保険者に該当するときは、国民年金の被保険者資格は継続する
　任意加入被保険者は、上記①〜⑥に加え、次のいずれかに該当する日（⑩の場合は該当した日の翌日）にも資格を喪失する。

⑦　資格喪失の申出が受理されたとき

⑧　65歳に達したとき（65歳の誕生日の前日）

⑨　厚生年金保険の被保険者の資格を取得したとき

⑩　保険料を督促の指定期限までに納付しなかったとき

　なお、海外居住の任意加入被保険者の場合、②に代えて日本国内に住所を有することになったときはその翌日に資格を喪失するが、第1号被保険者に該当するときは、国民年金の被保険者資格は継続する。また⑩に代えて、保険料を滞納し、2年間を経過したときは、その翌日に資格を喪失する。

　特例任意加入被保険者は、①②⑦⑨⑩のほか、次の場合に、その翌日（⑪の場合は該当した日）に資格を喪失する。

⑪　70歳に達したとき（70歳の誕生日の前日）

⑫　老齢給付の受給資格期間を満たし受給権を取得したとき

　なお、海外居住の特例任意加入者の場合、②に代えて日本国内に住所を有するとき、⑩に代えて保険料を滞納してそのまま2年が経過したときは、その翌日に資格を喪失する。

(3) 保険料

　前述のとおり、第2号被保険者、第3号被保険者については、国民年金の保険料は個別に納める必要はない。加入者が直接支払うのは第1号被保険者の場合だけである。

　第1号被保険者の保険料は定額で、法律で定められた下記の保険料額に、物価や賃金の変動を基に定められた保険料改定率を乗じた額である。2024年度（令和6年度）は1万6,980円、2025年度（令和7年度）は1万7,510円である。

　保険料は、2004年（平成16年）の改正により、2005年度（平成17年度）から毎年280円（2004年度（平成16年度）価額）ずつ引き上げられ、2017年度（平成29年度）で引上げが完了した（保険料水準固定方式）。その後、次世代育成支援のため、第1号被保険者に対して、産前産後期間の保険料免除制度が施行されることに伴い、2019年度（令和元年度）より、2004年度（平成16年度）価額で、保険料（法定額）が月額100円引き上げられ、法定額は1万7,000円となった。

2024年度（令和6年度）国民年金の保険料

①1万7,000円×②0.999≒1万6,980円

（※）①2004年度（平成16年度）水準　②2024年度（令和6年度）保険料改定率

保険料は、原則として被保険者に厚生労働大臣が交付する納付書（国民年金保険料納付書）によって納付する。**毎月の保険料の納付期限は翌月の末日である。**保険料は被保険者本人が納付するのが原則であるが、本人に収入がないときは世帯主および配偶者が連帯して負担しなければならない。**納期限から2年を経過すると時効により納付できない。**

保険料は前納することができ、前納した場合は前納期間（6カ月、1年、2年）に応じて割り引かれる（前納割引制度）。前納割引には、口座振替で当月保険料を当月末（納付期限の1カ月前）に引落しをする早割制度もある。

第1号被保険者は、出産予定日（または出産日）が属する月の前月から出産予定日の翌々月までの4カ月、多胎妊娠の場合出産予定日の3カ月前から出産予定日の翌々月までの6カ月までの期間に係る国民年金保険料を納付する必要はない。ただし、この期間も保険料納付済期間として年金額に反映する。なお、出産予定日の6カ月前から届出を行うことができ、出産後も届出可能となっている。

(4) 保険料の免除・猶予

①法定免除、申請免除

第1号被保険者は国民年金の保険料を納付しなければならないが、経済的な理由等で納付が困難な場合、保険料の免除が受けられる。この免除には法定免除と申請免除の2種類がある。

障害基礎年金または厚生年金保険法の障害給付（1級または2級）を受けているときや、生活保護法による生活扶助を受けているときなどは、届け出れば保険料が免除される。このように、免除の事由が法的に定められており、届出により免除されるものを法定免除という。

一方、申請免除とは、保険料を納めることが経済的に著しく困難な場合、厚生労働大臣に申請して一定の免除基準に合致していれば、保険料が免除されるものである。**本人、世帯主、配偶者の所得状況に応じて全額免除、4分の3免除、半額免除、4分の1免除がある。**

これらの免除期間について、老齢基礎年金の額を計算するときは所定の割合が反映されることになる〔図表2-6〕。

②学生納付特例制度、納付猶予制度

上記の免除のほかに、保険料の納付が猶予される学生納付特例制度がある。これは、**学生本人のみの所得状況を基準として保険料納付の猶予の可否を判定する仕組みである。**

また、2030年（令和12年）6月までは、**納付猶予制度が導入されている。**これは、**50歳**

〔図表2－6〕 保険料免除等の老齢基礎年金額への反映

免除等の種類	年金額への反映	
	国庫負担割合3分の1 （2009年（平成21年）3月以前の期間）	国庫負担割合2分の1 （2009年（平成21年）4月以後の期間）
全額免除	3分の1	2分の1
4分の3免除	2分の1	8分の5
半額免除	3分の2	4分の3
4分の1免除	6分の5	8分の7
学生納付特例制度	なし	
50歳未満納付猶予制度	なし	

未満の本人および配偶者の所得が一定額以下の場合は、申請に基づき保険料納付が猶予される制度である。

　ただし、学生納付特例制度および納付猶予制度による猶予期間は、老齢基礎年金の受給資格期間には算入されるが、追納をしなければ、老齢基礎年金の額の計算にはまったく反映されない。

　なお、保険料の免除・猶予は、申請時点から2年1カ月前まで遡って申請できる。

(5) 保険料の追納

　法定免除や申請免除、学生納付特例制度や50歳未満の納付猶予制度により保険料の免除・猶予を受けていた者が、その後生活にゆとりができて保険料を納めることができるようになったとき、免除・猶予されていた期間の保険料の全部または一部を過去10年まで遡って納めることができる（追納）。追納が行われたときは、追納が行われた日に追納に係る月の保険料が納付されたものとみなされ、その免除・猶予期間は保険料納付済期間となる。

　保険料の免除を受けた月の属する年度の翌々年度以内に追納する場合、原則として加算額の上乗せはないが、それ以上期間が空いてしまった場合には、追納までの経過期間に応じた加算額が上乗せされる。なお、免除や猶予の申請を行わない場合は、保険料を滞納したまま2年間を経過すると、時効によってその期間は未納期間として確定する。

(6) 年金手帳と基礎年金番号

① 年金手帳

　被保険者に初めてなったとき、厚生労働大臣の国民年金の原簿に基礎年金番号が登録される。その番号が記載された年金手帳が交付され、保険料納付の領収の証明や基礎年金番

号の本人通知という機能を果たしてきたが、被保険者情報が既にシステム管理されていることや個人番号の導入によって、手帳という形式で果たす必要がなくなってきた。

2022年4月以降は、新たに被保険者となった者について、資格取得の通知として基礎年金番号通知書の送付に切り替わった。また、年金手帳の再交付申請は廃止されたが、これまでの年金手帳は、引き続き基礎年金番号を明らかにすることができる書類として利用することができる。

② 基礎年金番号

基礎年金番号は、国民年金、厚生年金保険のすべての制度に共通して1人に1つの番号が付けられる。これによって年金制度を移った場合でも、1つの番号によって管理することが可能となっている。また、基礎年金番号は、年金受給者となってからも引き続き使用され、年金証書にも記載される。

❸ 給付の種類

国民年金の給付として、所定の要件を満たしたすべての者に共通の基礎年金が支給される。この基礎年金は、第1号被保険者だけでなく、厚生年金保険の被保険者である第2号被保険者およびその被扶養配偶者である第3号被保険者であった者にも支給される。

基礎年金には老齢、障害、死亡の保険事故を支給事由とする老齢基礎年金、障害基礎年金、遺族基礎年金の3種類がある。

また、自営業者など第1号被保険者の独自給付として、付加保険料を納付した者に対する付加年金、一定の保険料納付済期間や婚姻期間等のあった夫が死亡した場合にその妻に60歳から65歳までの間支給される寡婦年金、一定期間の保険料を納めた者が年金給付を受けられないで死亡した場合に支給される死亡一時金がある。なお、寡婦年金、死亡一時金のどちらも受給資格がある場合は、いずれかを選択する。

このほか、日本に在住していた日本国籍を有しない者が帰国した場合には、脱退一時金が支給される。

国民年金の加入に関しては、前述のとおり国籍を問わない。したがって、日本国籍を有しない者が国民年金に加入しても年金の受給に結びつかないことがある。

そこで第1号被保険者としての保険料納付済期間等（対象月数）が6カ月以上あって、老齢基礎年金の受給資格期間を満たしておらず、障害基礎年金その他の受給権を有したことがなく日本国籍を有しない者が日本国内に住所を有しなくなった場合、出国後2年以内

〔図表2-7〕脱退一時金（最後に納付した月が2024年度（令和6年度）に属する場合）

対象月数(※1)	対象月数に応じた数	支給額(※2)	対象月数(※1)	対象月数に応じた数	支給額(※2)
6カ月以上12カ月未満	6	50,940円	36カ月以上42カ月未満	36	305,640円
12カ月以上18カ月未満	12	101,880円	42カ月以上48カ月未満	42	356,580円
18カ月以上24カ月未満	18	152,820円	48カ月以上54カ月未満	48	407,520円
24カ月以上30カ月未満	24	203,760円	54カ月以上60カ月未満	54	458,460円
30カ月以上36カ月未満	30	254,700円	60カ月以上	60	509,400円

（※1）対象月数は、保険料納付済期間の月数と、保険料の半額免除期間はその月数の2分の1、4分の1免除期間は4分の3、4分の3免除期間は4分の1で計算する。
（※2）基準月（請求の日の属する月の前月までの第1号被保険者としての被保険者期間に係る保険料納付済期間または4分の1免除期間、半額免除期間、4分の3免除期間のうち、請求の日の前日までに当該期間の各月の保険料として納付された保険料に係る月のうち直近の月をいう）が2024年度（令和6年度）にある者の支給額（毎年度改定）。

に請求すると脱退一時金が支給される。支給額は〔図表2-7〕のとおりである。これは、最後に保険料を納付した月が属する年度の保険料額の2分の1に、対象月数に応じて定められた数を乗じて計算されるものである。

実務上のポイント

- 国民年金の第1号被保険者は、日本国内に住所を有する20歳以上60歳未満の者で、第2号被保険者および第3号被保険者のいずれにも該当しない者である。
- 老齢基礎年金の保険料納付済期間は最大で20歳から60歳になるまでの40年間（480月）である。
- 国民年金の第1号被保険者である学生は、本人の所得が一定以下の場合に学生納付特例の適用を受けることができる。
- 会社員や公務員である夫が退職して再就職しない場合、夫に扶養されている妻が夫の退職時に60歳未満であれば、妻は国民年金の第3号被保険者から第1号被保険者への種別変更の届出をしたうえで、国民年金の保険料の納付が必要になる。

第 **3** 節

厚生年金保険

❶ 厚生年金保険の目的と制度の概要

　厚生年金保険は、厚生年金保険の適用事業所に使用される従業員や公務員を被保険者としている。その被保険者に老齢、障害、死亡の保険事故が生じた場合、必要な保険給付を行うことによって、本人や遺族の生活の安定と福祉の向上に寄与することを目的としている。

(1) 保険者

　厚生年金保険の運営を行う保険者は、政府（厚生労働省）であり、その業務を行う実施機関として日本年金機構、各共済組合、国家公務員共済組合連合会、地方公務員共済組合連合会、日本私立学校振興・共済事業団等がある。

(2) 適用事業所

　厚生年金保険が適用される事業所（適用事業所）は、強制適用事業所と任意適用事業所に分かれる。

① 強制適用事業所

　常時、従業員を使用する法人の事業所、および常時 5 人以上の従業員が働いている法定業種の事業所は、事業主や従業員の意思にかかわらず、必ず厚生年金保険が適用される。このように法律によって厚生年金保険が強制適用される事業所を強制適用事業所という。株式会社や特例有限会社等の法人の事業所は、すべて強制適用事業所となる。事業主のみの場合でも強制適用事業所となる。

　個人の事業所は、法定された17業種[注]の適用事業に該当し、かつ常時 5 人以上の従業員を使用する事業所が強制適用事業所となる。したがって、従業員が 5 人未満の個人事業所、5 人以上であっても法定17業種[注]以外の個人事業所は強制適用事業所にはならない。

法定の適用事業に該当しない主な業種としては、農業などの第一次産業、飲食店などのサービス業、寺院などの宗教業がある。

注 2022年10月1日に、法定16業種の適用事業に新たに法務業（弁護士や税理士など10の士業）が加えられ、17業種になった。

② 任意適用事業所

強制適用ではない事業所であっても、事業主が従業員の半数以上の同意を得て手続を行い、厚生労働大臣の認可を受ければ、厚生年金保険の適用を受けることができる。このような強制適用事業所以外の事業所を任意適用事業所という。

なお、厚生年金保険の適用事業所は、場所を単位としている。つまり、同じ会社でも本社と工場が離れている場合は、原則としてそれぞれ別個の適用事業所となる。このような場合、2つ以上の事業所の事業主が同一であって一定の条件を満たし、承認を受ければ2つ以上の事業所を一括して1つの適用事業所とすることができる。これを一括適用という。

(3) 被保険者

厚生年金保険では、強制加入である強制加入被保険者と任意で加入する任意加入被保険者に分けることができる。

① 強制加入被保険者

厚生年金保険の適用事業所に使用される70歳未満の従業員は、厚生年金保険の強制加入被保険者となる。この「使用される者」とは、適用事業所で働き、労務の対償として給料や賃金を受け取っている者、つまり一般的に従業員を指す。また、法人・団体の取締役・理事など法人の**代表者**または業務執行者の場合も、法人に対して労務を提供して報酬が支払われるものとみなし、強制加入被保険者となる。

なお、短時間労働者であるパートタイマーについては、健康保険と同様に以下の両方の要件を満たす場合は、厚生年金保険の被保険者となる。

a．一般従業員と比較して、1週間の所定労働時間が4分の3以上あること
b．一般従業員と比較して、1カ月の所定労働日数が4分の3以上あること

なお、上記の「4分の3」という要件を満たしていない者でも、次のすべての要件に該当する者は、厚生年金保険の被保険者となる。

i．1週間の所定労働時間が20時間以上であること
ii．一般従業員と同様に2カ月を超えて使用される見込みがあること
iii．一定の方法により計算した賃金の月額が8万8,000円以上
iv．学生等でないこと

ⅴ．以下のいずれかに該当すること

- 常時101人以上使用する事業所（特定適用事業所）に使用されていること
- 国または地方公共団体に属する事業所および特定適用事業所以外の事業所に使用されていて、社会保険に加入することについて労使で合意がなされていること

また、特定適用事業所の人数要件については、2024年（令和6年）10月1日より51人以上となる。

一方、次のような臨時に雇われる者は被保険者になることはできない。

- 1カ月以内で日々雇われる日雇労働者
- 2カ月以内の期間を定めて雇われる短期間の臨時使用人（2カ月以内の雇用契約であっても2カ月を超えて使用される見込みがあると判断できる場合は、当初から適用対象となる）
- 4カ月以内で雇われる季節的業務に使用される者
- 6カ月以内で雇われる臨時的事業の事業所に使用される者
- 所在地の一定しない事業所に使用される者

② 被保険者の種別

厚生年金保険の被保険者は次のとおり4つの種別に分かれている。第2号～第4号厚生年金被保険者に係る申出や手続は、原則として各共済組合等に対して行うが、本テキストでは、第1号厚生年金被保険者に係る申出、手続について説明している。

	職業等	実施機関	被保険者の種別
①	民間の会社員等（②～④以外）	日本年金機構	第1号厚生年金被保険者
②	国家公務員	国家公務員共済組合等	第2号厚生年金被保険者
③	地方公務員	地方公務員共済組合等	第3号厚生年金被保険者
④	私立学校の教職員	私立学校教職員共済	第4号厚生年金被保険者

③ 任意加入被保険者

強制加入被保険者以外でも、厚生年金保険が適用されない事業所の従業員や老齢基礎年金の受給資格を得るために70歳以後も厚生年金保険への加入を希望する者などは、厚生年金保険に任意で加入することができる。

主な任意加入被保険者は以下のとおりである。

a．任意単独被保険者

厚生年金保険の適用事業所以外の事業所に使用されている70歳未満の者が、事業主の同意を得たうえで厚生労働大臣の認可を受けて、個人で被保険者になる場合をいう。事

業主は保険料の**半額を負担**しなければならない。

ｂ．高齢任意加入被保険者

　厚生年金保険の適用事業所に使用されている者は、原則として、70歳に達すると、強制適用被保険者の資格を失う。しかし、70歳に達しても老齢基礎年金の受給資格期間を満たしていない場合は、日本年金機構（年金事務所）に資格取得の申出をして、申出が受理された日に被保険者資格を取得し、受給資格期間を満たすまで任意加入することができる。このような者を高齢任意加入被保険者という。

　本人が保険料の全額を負担することになるが、事業主が同意すれば労使折半にすることができる。なお、保険料を滞納して督促状に指定された納期限までに納めなかったときは、その納期限の属する月の前月末に被保険者の資格を喪失する（事業主の同意がある場合を除く）。

❷ 被保険者資格

（1）被保険者資格

　厚生年金保険の被保険者資格は、適用事業所に使用されるようになった日に取得する。資格を取得すると事業主は5日以内に、日本年金機構に「被保険者資格取得届」を提出しなければならない。さらにその確認を受けて、結果を被保険者に知らせなければならない。一方、被保険者は、適用事業所に使用されなくなった日の翌日、死亡した日の翌日に資格を喪失する。これらの場合、5日以内に事業主は「被保険者資格喪失届」を日本年金機構へ提出しなければならない。また、在職中であっても**70歳**に達したとき（70歳誕生日の前日）に**被保険者資格を喪失**する。

　これらの被保険者資格の取得と喪失の手続は、被保険者期間の計算の基となる。

（2）被保険者期間

　被保険者期間は、老齢厚生年金等の受給資格の判断や年金の計算の基礎となる。その期間は月を単位として計算し、被保険者の資格を取得した月から喪失した月の前月までを対象とする。したがって、資格を取得した日が月の初日であっても末日でも、その月は1カ月として計算される。また、資格を喪失した日が初日であっても末日でも、その月は被保険者期間の対象とはならない〔図表2－8〕。

〔図表2-8〕厚生年金保険の被保険者期間

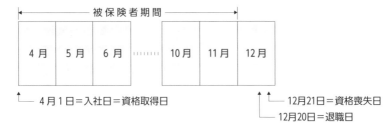

　なお、会社を退職した場合、資格を喪失するのは翌日である。したがって、月末日の退職の場合、資格を喪失するのは翌月の1日であり、その前月までを被保険者期間とするので、退職日の月までが被保険者期間となる。転職などをして複数の被保険者期間があり、その間に空白期間があることによって、被保険者期間が継続していなくても、それぞれの被保険者期間の月数を全て合算することになっている。

❸ 標準報酬月額と保険料

(1) 標準報酬月額

　標準報酬月額とは年金額や保険料計算の基になるものである。厚生年金保険の毎月の保険料は、原則として給料の額を基にして算出する。この給料の金額は個人によって異なる。そこで、多数の被保険者の手続事務を、正確に速く行うために標準報酬月額というものを決めている。標準報酬月額は、実際の給与を一定の幅で区分した報酬月額に当てはめたもの（たとえば、月の給与額が19万5,000円から20万9,999円までの範囲の場合は、標準報酬月額は20万円となる）で、これを基に、保険料や年金額を計算することにしている。厚生年金保険の標準報酬月額は、8万8,000円から65万円までの32等級に区分されている（月の給与額が9万3,000円未満の場合は、標準報酬月額は下限の1等級である8万8,000円に、63万5,000円以上の場合は上限の32等級である65万円に区分される）〔図表2-9〕。

　標準報酬月額の対象となる報酬（給料）には、労務の対償として支払われるすべてのもののほか通勤手当なども含まれ、金銭か現物かを問わない。ただし、賞与や退職金、見舞金等の臨時的なものは報酬の範囲から除かれる。

　標準報酬月額は以下の方法で決定される。

〔図表2－9〕厚生年金保険標準報酬月額の保険料額表

（単位：円）

標準報酬		報酬月額		一般・坑内員・船員 （厚生年金基金加入員を除く）	
				金額	折半額
等級	月額	円以上	円未満	18.300%	9.150%
1	88,000		93,000 未満	16,104	8,052
2	98,000	93,000 以上	101,000 未満	17,934	8,967
3	104,000	101,000 以上	107,000 未満	19,032	9,516
4	110,000	107,000 以上	114,000 未満	20,130	10,065
5	118,000	114,000 以上	122,000 未満	21,594	10,797
6	126,000	122,000 以上	130,000 未満	23,058	11,529
7	134,000	130,000 以上	138,000 未満	24,522	12,261
8	142,000	138,000 以上	146,000 未満	25,986	12,993
9	150,000	146,000 以上	155,000 未満	27,450	13,725
10	160,000	155,000 以上	165,000 未満	29,280	14,640
11	170,000	165,000 以上	175,000 未満	31,110	15,555
12	180,000	175,000 以上	185,000 未満	32,940	16,470
13	190,000	185,000 以上	195,000 未満	34,770	17,385
14	200,000	195,000 以上	210,000 未満	36,600	18,300
15	220,000	210,000 以上	230,000 未満	40,260	20,130
16	240,000	230,000 以上	250,000 未満	43,920	21,960
17	260,000	250,000 以上	270,000 未満	47,580	23,790
18	280,000	270,000 以上	290,000 未満	51,240	25,620
19	300,000	290,000 以上	310,000 未満	54,900	27,450
20	320,000	310,000 以上	330,000 未満	58,560	29,280
21	340,000	330,000 以上	350,000 未満	62,220	31,110
22	360,000	350,000 以上	370,000 未満	65,880	32,940
23	380,000	370,000 以上	395,000 未満	69,540	34,770
24	410,000	395,000 以上	425,000 未満	75,030	37,515
25	440,000	425,000 以上	455,000 未満	80,520	40,260
26	470,000	455,000 以上	485,000 未満	86,010	43,005
27	500,000	485,000 以上	515,000 未満	91,500	45,750
28	530,000	515,000 以上	545,000 未満	96,990	48,495
29	560,000	545,000 以上	575,000 未満	102,480	51,240
30	590,000	575,000 以上	605,000 未満	107,970	53,985
31	620,000	605,000 以上	635,000 未満	113,460	56,730
32	650,000	635,000 以上		118,950	59,475

（※）第4号厚生年金被保険者の保険料、保険料額は上表と異なる。

① 加入したときの決定（資格取得時決定）

会社に入社したときなど、被保険者の資格を取得したときは、そのときの給料等を基にした報酬月額により標準報酬月額を決定する。

② 定時決定

給料はベースアップなどによって変わるので、標準報酬月額を長期間固定していると、実態と異なってくる。そこで標準報酬月額を給料水準の実態に合わせるために、毎年1回定期的に標準報酬月額を見直す。これを定時決定という。定時決定の対象となるのは、4月、5月、6月の3カ月間の給料であり、この平均金額を、毎年7月1日から10日までの間に届け出て、標準報酬月額を定めている。新しい標準報酬月額は、その年の9月から翌年の8月まで用いられる。

③ 随時改定

標準報酬月額は、原則として次回の定時決定まで1年間使用されることになっている。ところが、その間に昇（降）給などによって、固定的賃金が変動することがある。その変動が大きい場合、次の定時決定を待たずに標準報酬月額を改定することを随時改定という。

随時改定は、給料が変動した月以後の3カ月間の給料の平均月額による標準報酬月額と、従前の標準報酬月額の間に2等級以上の差が生じた場合に行われる。標準報酬月額の改定は、変動月以後の引き続く3カ月の翌月から行われる。なお、固定的賃金の変動を前提に、時間外手当などの変動的賃金を含めて2等級以上の差が生ずれば随時改定となるが、変動的賃金のみの増減によって2等級以上の差が生じても随時改定は行われない。

④ 育児休業等終了時改定

3歳未満の子を養育している被保険者が育児休業等終了後、勤務時間の短縮等により報酬が低下した場合は、随時改定に該当しなくても、被保険者の申出によって、標準報酬月額を改定することができる。これを育児休業等終了時改定という。育児休業等終了日の翌日の属する月以後3カ月間に受けた報酬の合計をその期間の月数で割った平均額と従前の標準報酬月額との間に1等級以上の差が生じた場合に育児休業等終了時改定となる。

なお、この改定により標準報酬月額が下がった場合でも、年金額は養育期間前の高い標準報酬月額で計算される。この特例は厚生年金保険だけに適用するため、健康保険の傷病手当金などの基準となる標準報酬月額は、実際の（低下した）標準報酬月額となる。

⑤ 産前産後休業終了時改定

産前産後休業終了日に産前産後休業に係る子を養育する被保険者が産前産後休業終了後、勤務時間の短縮等により報酬が低下した場合は、随時改定に該当しなくても、被保険者の申出によって標準報酬月額を改定することができる。これを産前産後休業終了時改定とい

う。産前産後休業終了日の翌日が属する月以後3月間に受けた報酬の合計をその期間の月数で割った平均額と従前の標準報酬月額との間に1等級以上の差が生じた場合に産前産後休業終了時改定の対象となる。ただし、産前産後休業終了日の翌日に育児休業等を開始している被保険者は、産前産後休業終了時改定の対象とはならない。年金額については、育児休業終了時改定と同様に取り扱われる。

なお、産前産後休業とは、出産の日（出産の予定日）以前42日（多胎妊娠の場合は98日）から出産の日後56日までの間において妊娠または出産を理由として労務に従事しないことをいう。

⑥　保険者算定

前述した標準報酬月額の決定方法で定めることができない場合や算定した額が著しく不当である場合は、保険者が決定する。

（2）総報酬制

総報酬制とは、毎月の給与だけでなく、賞与などすべての報酬を保険料の賦課対象とし、給付にも反映させる仕組みのことである。かつては、賞与等（名称にかかわらず、被保険者が労務の対償として受けるもののうち、年3回以下の回数で支給されるもの）は、原則として保険料賦課の対象とならず、給付にも反映されなかったが、**2003年（平成15年）4月より、総報酬制の導入により、賞与等についても、標準賞与額として保険料の賦課対象となり、給付にも反映されることとなった。**標準賞与額は、被保険者期間中において、実際に支給された賞与の額から1,000円未満を切り捨てた額であり、賞与が支給される月ごとに算出する。

ただし、標準賞与額には、1カ月につき150万円の上限が設けられており、前述の方法で算出した額が150万円を超える部分については、保険料は賦課されず、給付にも反映しない。

（3）保険料率

厚生年金保険の保険料は、標準報酬月額および標準賞与額に保険料率を掛けて算出する。

なお、厚生年金保険の保険料率は、1,000分の183（18.30％）で固定されている（保険料水準固定方式）。ただし、第4号厚生年金被保険者は、2029年（令和11年）9月まで段階的に引き上げられ、それ以降1,000分の183（18.30％）で固定される。

(4) 保険料の負担

① 一般の被保険者の保険料

　保険料は、月単位で計算される。したがって、被保険者資格を取得した月の加入日数が1日でも、1カ月分の保険料が徴収される。また、資格を取得した月から喪失した月の前月まで保険料が徴収されるので、被保険者資格を喪失した月は保険料は徴収されない（なお、資格喪失日は退職日の翌日であり、月末退職の場合、資格喪失日は翌月1日となるので退職した月の保険料は徴収される）。

　保険料は、被保険者と事業主が折半して負担する。したがって、標準報酬月額および標準賞与額に保険料率を掛けた額の半額が従業員の負担額である。保険料の納付義務を負うのは事業主であり、事業主負担分と被保険者負担分を合わせて、翌月末日までに納付しなければならない。標準報酬月額に対する保険料の場合は、たとえば4月分の保険料の納付期限は5月末日となる。事業主が、被保険者負担分の保険料を控除するときは、毎月の給与から前月分の保険料を控除する。したがって、5月に支給される給与から4月分の保険料を控除することとなる。これに対して、標準賞与額に対する保険料の場合は、支給月の翌月末日が納付期限となる。たとえば7月に支給された賞与に係る保険料の納付期限は、8月末日となる。また、被保険者負担分は、当該賞与から控除することとなる。

② 育児休業中の保険料の免除

　育児休業期間中の保険料には免除の取扱いがある。すなわち、満3歳未満の子の育児のために、育児休業等を取得し、休業中の給料の支払が行われていない場合で、事業主が厚生労働大臣に申出をした場合、育児休業等を開始した日の属する月から育児休業等が終了する日の翌日が属する月の前月までの期間、被保険者負担分、事業主負担分ともに保険料納付が免除される。この場合の保険料免除期間は、年金額等の計算に際しては、保険料を納付した場合と同様に扱われる。

③ 産前産後休業期間中の保険料の免除

　産前産後休業期間中の保険料も免除の取扱いがある。産前産後休業期間（産前42日（多胎妊娠の場合は98日）、産後56日のうち、妊娠または出産を理由として労務に従事しなかった期間）について、事業主が厚生労働大臣に申出をした場合、産前産後休業を開始した日の属する月からその産前産後休業が終了する日の翌日が属する月の前月までの期間、本人負担分、事業主負担分ともに保険料が免除される。この場合の保険料免除期間は、育児休業期間中の保険料の免除と同様に、年金額等の計算に際しては、保険料を納付した場合と同様に扱われる。

　なお、②③に該当するもので短期の育児休業の取得については、月内に14日以上の休業はその月の保険料を免除するとともに、賞与を支払った月の末日を含んだ連続した１カ月を超える休業に限り賞与の保険料も免除の対象となった。

　また、休業が２カ月にまたがるときは、休業の開始月から終了日の翌日の月の前月までの保険料を免除する。

④ 給付の種類

　厚生年金保険の給付には、厚生年金保険の被保険者または被保険者であった者に対して行われる老齢、障害、死亡の保険事故を支給事由とする老齢厚生年金、障害厚生年金・障害手当金、遺族厚生年金がある。原則として、国民年金が支給する基礎年金に上乗せして支給される（障害や遺族に係る給付の場合は、基礎年金が支給されないケースもある）。

　また、日本に在住していた日本国籍を有しない者が帰国した場合は脱退一時金が支給されることがある。

　厚生年金保険は国籍を問わず、加入要件に該当すれば強制加入となる。しかし、日本国籍を有しない者が、厚生年金保険に加入しても、年金の受給に結びつかないことがある。そこで厚生年金保険の被保険者期間が６カ月以上あって、受給資格期間が10年未満の外国人が日本国内に住所を有しなくなった場合、出国後２年以内に請求すると脱退一時金が支給される。支給額は、平均標準報酬額に支給率〔図表２−10〕を乗じて計算する。

注　現在、ドイツやアメリカ、フランス等と社会保障協定を締結し、日本と相手国との年金加入期間を相互

〔図表２−10〕脱退一時金の支給率

支給率＝ 最終月（資格を喪失した日の属する月の前月）の前年10月の保険料率 ※最終月が１月から８月までの場合にあっては、前々年10月の保険料率 × 〔表〕 × $\frac{1}{2}$

数	被保険者期間
6	6カ月以上12カ月未満
12	12カ月以上18カ月未満
18	18カ月以上24カ月未満
24	24カ月以上30カ月未満
30	30カ月以上36カ月未満
36	36カ月以上42カ月未満
42	42カ月以上48カ月未満
48	48カ月以上54カ月未満
54	54カ月以上60カ月未満
60	60カ月以上

に通算し年金受給権を獲得できるようにしている。なお、脱退一時金の支給を受けた場合、その期間は、協定において年金加入期間として通算されない。

実務上のポイント

・厚生年金保険の適用事業所に使用される70歳未満の者は、被保険者（国内居住要件はない）となり、第1号から第4号厚生年金被保険者に区分される。

・育児休業期間中および産前産後休業期間中の厚生年金保険の被保険者に係る保険料は、所定の手続により、事業主負担分、被保険者負担分のいずれも免除され、年金額に反映される。

第4節

老齢給付（1）老齢基礎年金

① 受給要件

（1）受給資格期間

老齢基礎年金を受給するためには、**受給資格期間**が**10年以上**必要である。受給資格期間には、国民年金の保険料納付済期間と保険料免除期間のほかに、カラ期間といわれる合算対象期間が含まれる。

（2）保険料納付済期間と保険料免除期間

受給資格期間の対象となる期間のうち、保険料納付済期間および保険料免除期間は次のとおりである。

〈保険料納付済期間〉

① 国民年金の第1号被保険者および1986年（昭和61年）3月以前の国民年金の被保険者（いずれも任意加入被保険者を含む）期間のうち、保険料を納めた期間および**産前産後の保険料免除期間**

② 国民年金の**第2号被保険者期間のうち、20歳以上60歳未満の期間**

③ 会社員や公務員世帯の被扶養配偶者等が該当する国民年金の第3号被保険者期間

④ 1961年（昭和36年）4月から1986年（昭和61年）3月までの、いわゆる旧法の厚生年金保険および船員保険の被保険者期間、および旧法の共済組合等の加入期間のうち、20歳以上60歳未満の期間

〈保険料免除期間〉

① 全額免除期間（法定免除、申請全額免除、学生納付特例、50歳未満の納付猶予の各期間）

② 4分の3免除期間、半額免除期間、4分の1免除期間

たとえば、次のような加入歴のケースでは、①＋②＋③が10年以上となり、受給資格期間を満たす。

1990年（平成2年）から自営業を営み国民年金に加入し、保険料を納付したが、その後保険料免除となった。2003年（平成15年）に会社に入って厚生年金保険に入り、2009年（平成21年）に退社し自営業に戻り、国民年金に加入し保険料を納付した。

さらに2014年（平成26年）以降第3号被保険者となった。

〈受給資格期間のとらえ方〉

1990年 （平成2年） ▼		2003年 （平成15年） ▼		2009年 （平成21年） ▼	2014年 （平成26年） ▼	
自 開 営 始		会 入 社 社		退 自 社 営	被 養 扶 者	
国民年金加入	国民年金	厚生年金		国民年金		
第1号	免除	第2号		第1号	第3号	
◄──①	►◄──①	►◄────②	►◄──①	►◄──③		

①＋②＋③≧10年となり、受給資格期間を満たす。

---

(3) 合算対象期間

合算対象期間は、カラ期間ともいわれ、受給資格期間の対象にはなるが、老齢基礎年金の年金額には反映されない期間をいい、次のような期間が該当する。

- **国民年金の第2号被保険者期間**（または、旧法の厚生年金保険および船員保険の被保険者期間および旧法の共済組合等の加入期間）**のうち**1961年（昭和36年）4月以後の**20歳未満と60歳以後の期間**。

- 1986年（昭和61年）3月までの会社員・公務員の配偶者、**1991年**（平成3年）**3月までの学生**、海外在住者など、国民年金に任意加入できる期間のうち、国民年金の被保険者とならなかった期間。ただし、1961年（昭和36年）4月以後で20歳以上60歳未満の期間に限る。

なお、国民年金の任意加入被保険者（1991年（平成3年）3月までの学生や海外在住者など）が、その保険料を納付しなかった期間についても、任意加入を行わなかった期間と同様に、当該期間を合算対象期間として取り扱う。

❷ 老齢基礎年金の額

（1）計算式

　老齢基礎年金の年金額は、81万6,000円（月額6万8,000円、2024年度（令和6年度）価額）である。これは、20歳から60歳に達するまでの40年間の国民年金の加入期間が、すべて保険料納付済期間で満たされている場合の額である。なお、この額は「78万900円（法定額）×改定率」により計算した額である（2024年度（令和6年度）の改定率は、「1.045」）。

　保険料納付済期間の月数が40年（480月）に満たない場合は、その不足する期間に応じて減額され、次の算式で計算した額が支給される。

　保険料が免除された期間は、その免除された期間に一定割合を乗じた期間が年金額に反映される（産前産後の免除期間は保険料納付済期間となる）。ただし、学生納付特例制度および50歳未満の納付猶予制度による猶予期間は保険料が追納されない場合は年金額にはまったく反映されない。なお、国庫負担割合が3分の1か2分の1かにより、反映される割合は異なる。

老齢基礎年金の年金額

$$81\text{万}6{,}000\text{円} \times \frac{\text{保険料納付済期間} + \boxed{\text{下記A}} + \boxed{\text{下記B}}}{480}$$

〈2009年（平成21年）3月以前の保険料免除期間（基礎年金の国庫負担割合が3分の1）〉

$$A = \left(\text{保険料4分の1免除期間} \times \frac{5}{6}\right) + \left(\text{保険料半額免除期間} \times \frac{2}{3}\right) + \left(\text{保険料4分の3免除期間} \times \frac{1}{2}\right) + \left(\text{保険料全額免除期間} \times \frac{1}{3}\right)$$

〈2009年（平成21年）4月以降の保険料免除期間（基礎年金の国庫負担割合が2分の1）〉

$$B = \left(\text{保険料4分の1免除期間} \times \frac{7}{8}\right) + \left(\text{保険料半額免除期間} \times \frac{3}{4}\right) + \left(\text{保険料4分の3免除期間} \times \frac{5}{8}\right) + \left(\text{保険料全額免除期間} \times \frac{1}{2}\right)$$

　なお、年金額計算の結果、年金額に1円未満の端数が生じたときは、50銭未満は切り捨て、50銭以上1円未満は1円に切り上げられる。

(2) 付加年金

① 付加年金を受けられる者

　付加年金は、国民年金の保険料に追加するかたちで納付する月額400円の付加保険料の納付済期間のある者が、老齢基礎年金の受給権を得たときに支給される。付加保険料を納付できるのは、国民年金の第１号被保険者および65歳未満の任意加入被保険者であり、保険料納付を免除されている者（産前産後期間の免除を除く）および国民年金基金の加入員、第２号被保険者、第３号被保険者および65歳以上70歳未満の特例任意加入被保険者は納付できない。

② 付加年金の年金額

　付加年金の年金額は、次の式で計算した額である。

付加年金額

200円×付加保険料納付済期間の月数

❸ 支給開始年齢と繰上げ・繰下げ支給

(1) 支給開始年齢

① 65歳に達したとき

　老齢基礎年金は、受給資格期間を満たしている者が65歳に達したときに、受給権が発生し、年金はその翌月から受給できる。

　65歳に達したときとは65歳の誕生日の前日であるので、1959年（昭和34年）12月１日生まれの者の場合は、2024年（令和６年）11月30日に受給権が発生し、その翌月の2024年（令和６年）12月分から支給される。また、1959年（昭和34年）12月２日生まれの者は、2024年（令和６年）12月１日に受給権が発生し、その翌月の2025年（令和７年）１月分から支給される。

② 65歳以後に受給資格期間を満たしたとき

　保険料の未納期間などがあって、65歳に達したときに受給資格期間を満たしていない場合もある。このような場合、任意加入をすることによって、それ以後に受給資格期間を満たしたときは、受給資格期間を満たした月の翌月に老齢基礎年金の受給権が生じ、その翌

月から年金は支給される。

（2）繰上げ支給

① 繰上げ支給を請求した者が受ける老齢基礎年金の額

　老齢基礎年金の支給開始年齢は、原則として65歳である。しかし、老齢基礎年金の受給資格を満たした者は、60歳以上65歳未満の希望するときから老齢基礎年金を繰り上げて受けることができる。繰上げ支給の請求をした場合は、請求書が受理された日に受給権が生じる。繰上げ支給を受けると、繰り上げた期間に応じて、年金は減額される。また、付加年金がある場合は付加年金も同様に減額され繰上げ支給となる。

　繰上げ支給による減額率は、従来は1カ月当たり0.5％であったが、2022年（令和4年）4月1日より0.4％となった。ただし、改定後の減額率は、施行日以降に60歳に達した者が対象となる。つまり、生年月日が1962年（昭和37年）4月1日以前の者に適用される減額率は従来どおり1カ月当たり0.5％、1962年（昭和37年）4月2日以後の者に適用される減額率は1カ月当たり0.4％と生年月日に応じて異なる。

　たとえば、本来65歳で満額の81万6,000円が支給される者が60歳0カ月で繰上げ支給を請求した場合、減額率が0.5％の場合は「60カ月×0.5％＝30％」なので支給額は満額の70％の57万1,200円となる。これに対し、減額率が0.4％の場合は「60カ月×0.4％＝24％」なので支給額は満額の76％の62万160円となり、減額幅が縮小される。

　ただし、②の注意事項や、平均寿命が年々延びていること、繰上げ受給すると障害基礎年金の受給権を取得できなくなること等のデメリットも考慮して慎重に検討する必要がある。

　なお、**振替加算は、老齢基礎年金の繰上げ支給を受けていても、65歳から減額されずに支給される。**

```
減額率の計算
┌─────────────────────────────┐  ┌─────────────────────────────┐
│ 1962年（昭和37年）4月1日以前生まれ │  │ 1962年（昭和37年）4月2日以降生まれ │
│ ─────────────────────────── │  │ ─────────────────────────── │
│ 減額率＝0.5％×繰上げ月数        │  │ 減額率＝0.4％×繰上げ月数        │
└─────────────────────────────┘  └─────────────────────────────┘

┌─────────────────────────────────────────────┐
│ 老齢基礎年金の繰上げ支給の計算（付加年金も同様）         │
│ 繰上げ支給の額＝本来の年金額×（1－減額率）             │
└─────────────────────────────────────────────┘
```

② 繰上げ支給の注意事項

　繰上げ支給を請求する場合は、次の点に注意する必要がある。

ａ．年金額は、本来の老齢基礎年金の額から支給開始を希望した年齢に応じて前述のように減額され、しかもその額は65歳に達しても引き上げられることはなく、一生減額された年金が支給される。また、**付加年金も同様に扱われる。**

ｂ．**受給権が発生した後に請求の取消しを申し出ても、年金請求（裁定請求）の取消し、変更はできない。**

ｃ．繰上げ支給の老齢基礎年金の受給権は、請求書が受理された日に発生し、年金の支払は受給権が発生した月の翌月分から行われる。

ｄ．**受給権者は寡婦年金の受給権を失う。**

ｅ．受給権が発生した後は、障害基礎年金の受給権を取得できない（第2号被保険者であるときを除く）。

ｆ．受給権者は国民年金の任意加入被保険者にはなれない。

ｇ．老齢基礎年金を繰り上げて請求した場合、65歳になるまで遺族厚生年金を併給できない。

ｈ．**老齢厚生年金の受給権発生日前の場合、老齢厚生年金を併せて繰上げなければならない。**

（3）繰下げ支給

① 繰下げ支給を申し出た者が受ける老齢基礎年金の額

老齢基礎年金の支給開始年齢は原則65歳であるが、繰上げ支給とは逆に、66歳以後に支給開始を繰り下げて受け取ることもできる。繰下げ支給の上限年齢は、従来は70歳であったが、2022年（令和4年）4月1日より75歳に引き上げられた。ただし、引上げの対象となるのは、施行日以後に70歳に達する者に限られる。つまり、生年月日が1952年（昭和27年）4月1日以前の者の繰下げ支給の上限年齢は従来どおり70歳で、生年月日が1952年（昭和27年）4月2日以後の者の繰下げ支給の上限年齢は75歳となる。

繰下げ支給による増額率は繰下げ1カ月当たり0.7％で、これに繰下げ月数を乗じて算定される。たとえば、67歳0カ月で繰下げ支給を申し出た場合、増額率は「24カ月×0.7％＝16.8％」となるので、116.8％に増額された年金が支給される。なお、繰下げ支給の申出ができるのは66歳以後なので、増額率は最低で8.4％である。増額率の最高は、繰下げ支給の上限年齢が70歳の場合は42％、75歳の場合は84％である。

たとえば、本来65歳で満額の81万6,000円が支給される者が、70歳0カ月で繰下げ支給の申出をした場合の支給額は115万8,720円、75歳0カ月で繰下げ支給の申出をした場合の支給額は150万1,440円となる。

増額率の計算

1952年4月1日以前生まれ 70歳まで繰下げ可能（60月限度）	1952年4月2日以降生まれ 75歳まで繰下げ可能（120月限度）
増額率＝0.7％×繰下げ月数	増額率＝0.7％×繰下げ月数

老齢基礎年金の繰下げ支給の計算（付加年金も同様）
繰下げ支給の額＝本来の年金額×（1＋増額率）

---

② 繰下げ支給の注意事項等

繰下げ支給の申出をする場合は、次の点に注意する必要がある。

a. 老齢厚生年金を受給できる者が老齢基礎年金を繰下げ支給にする場合、老齢厚生年金は原則どおり受給しつつ、老齢基礎年金のみ繰り下げることができる（その反対も可）。

b. **66歳に達するまでは繰下げの申出はできない。**また、待機期間中は加算なども支給されない。

c. **付加年金についても支給が繰り下げられ、老齢基礎年金と同じ率で増額される。**

d. 振替加算は、繰下げ支給の開始月から増額されずに支給される。

なお、老齢基礎年金の受給権を取得してから10年（生年月日が1952年（昭和27年）4月1日以前の場合は5年）を経過した日以後に繰下げの申出をした場合は、10年（5年）を経過した日の属する月に遡って繰下げの申出をしたものとして増額された年金が支給される。このため、75歳（生年月日が1952年（昭和27年）4月1日以前の場合は70歳）以降に繰下げの申出をした場合でも、75歳（70歳）に繰下げの申出があったものとみなした年金が支給される。

なお、2023年（令和5年）4月1日から、70歳以上で老齢基礎年金を請求し、請求時点における繰下げ申出の選択を希望しない場合は、5年前に繰下げ申出があったものとみなし、増額された年金の5年間分を一括して受け取ることができるようになった。これを「特例的な繰下げみなし増額制度」という。例えば、71歳まで繰下げ待機し、71歳時点で年金を請求する場合において、繰下げの申出を選択せず、さかのぼって本来の年金を受け取ることを選択したときは、5年前の66歳で繰下げの申出をしたものとみなして、増額された年金の5年間分をさかのぼって一括して受け取ることとなる。

〔図表2-11〕老齢基礎年金の支給率

受給開始年齢			1962年（昭和37年）4月1日以前生まれ	1962年（昭和37年）4月2日以後生まれ
60歳到達月～60歳11カ月	繰上げ支給	1カ月当たり0.5％減額	70.0%～75.5%	1カ月当たり0.4％減額 76.0%～80.4%
61歳到達月～61歳11カ月			76.0%～81.5%	80.8%～85.2%
62歳到達月～62歳11カ月			82.0%～87.5%	85.6%～90.0%
63歳到達月～63歳11カ月			88.0%～93.5%	90.4%～94.8%
64歳到達月～64歳11カ月			94.0%～99.5%	95.2%～99.6%
65歳到達月～65歳11カ月	通常支給		100%	
66歳到達月～66歳11カ月	繰下げ支給	1カ月当たり0.7％増額	108.4%～116.1%	
67歳到達月～67歳11カ月			116.8%～124.5%	
68歳到達月～68歳11カ月			125.2%～132.9%	
69歳到達月～69歳11カ月			133.6%～141.3%	
70歳到達月～70歳11カ月（※）			142.0%～149.7%	
71歳到達月～71歳11カ月（※）			150.4%～158.1%	
72歳到達月～72歳11カ月（※）			158.8%～166.5%	
73歳到達月～73歳11カ月（※）			167.2%～174.9%	
74歳到達月～74歳11カ月（※）			175.6%～183.3%	
75歳到達月～（※）			184.0%	

※70歳1カ月以降の繰下げ支給は、1952年（昭和27年）4月2日以後生まれに限る

例 題

Q: ··

個人事業主Ａさん（1971年（昭和46年）7月20日生まれ）の国民年金の加入歴（今後の見込みを含む）は以下のとおりである。

①Ａさんが65歳から受給できる老齢基礎年金と付加年金の合計額はいくらか。

②Ａさんが67歳6カ月で老齢基礎年金の繰下げ支給の申出をした場合の老齢基礎年金と付加年金の合計額はいくらか。

- 1991年（平成3年）7月～1994年（平成6年）6月：保険料全額免除期間36月
- 1994年（平成6年）7月～2031年（令和13年）6月（60歳までの期間）：保険料納付済期間444月
- 1994年（平成6年）7月から定額保険料とともに付加保険料を納付している（60歳まで納付予定）。

A: ··

① 老齢基礎年金の金額

$$81万6,000円 × \frac{444月 + 36月 × \frac{1}{3}}{480月}$$

$= 77万5,200円 ……Ａ）$

付加年金の金額

$200円 × 444月 = 8万8,800円 ……Ｂ）$

$77万5,200円 + 8万8,800円 = 86万4,000円$

② Ａ）$77万5,200円 × (1 + 30月 × 0.007) = 93万7,992円$

　Ｂ）$8万8,800円 × (1 + 30月 × 0.007) = 10万7,448円$

　$93万7,992円 + 10万7,448円 = 104万5,440円$

❹ 振替加算

① 支給要件

　老齢厚生年金の配偶者加給年金額の対象となっていた者が、自らの老齢基礎年金を受けられるようになったとき、振替加算が老齢基礎年金に加算される。

　たとえば、夫が受給している老齢厚生年金に加給年金額が加算されている場合、妻が65歳になって老齢基礎年金の受給権を得ると、夫の老齢厚生年金の加給年金額は支給が打ち切られ、妻が老齢基礎年金と振替加算を受給する〔図表2−12〕。

　振替加算を支給する目的は、会社員世帯の専業主婦等にみられるカラ期間がある者の年金が低額となるのを防止することである。つまり、カラ期間があると、受給資格期間を満たしても老齢基礎年金は低額になるので、加給年金額が打ち切られると、夫婦の年金は従来より減ってしまう。それをカバーする意味で振替加算が支給される。

　現在では、会社員の妻である専業主婦等は第3号被保険者として強制加入となっているため、若い世代ほど強制加入の期間が長くなり、カラ期間は短くなっていく。したがって振替加算の額は、生年月日に応じて低額になり、1966年（昭和41年）4月2日以後生まれの者は、原則としてカラ期間が生じ得ないので、振替加算は行われない。

② 振替加算の額

　振替加算の額は22万4,700円に改定率1.045（2024年度（令和6年度））を乗じた額（23万4,800円）に受給権者（配偶者加給年金額の対象となっていた者）の生年月日に応じて

〔図表2−12〕加給年金額と振替加算

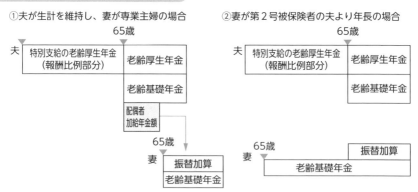

政令で定める率（1.000〜0.067）を乗じた額である。

　振替加算の額は年齢が若くなるにつれて減額していき、受給権者が1966年（昭和41年）4月2日以後生まれの場合は支給されない。

③　振替加算の注意事項

　振替加算は、次の点に注意する必要がある。

a. 65歳に達し振替加算が加算されるためには、老齢厚生年金の受給権者である配偶者の厚生年金保険の被保険者期間が原則20年以上あり、かつ、生計維持関係があって、配偶者の加給年金額の対象となっていることが前提条件となる。

b. 本人が65歳になり老齢基礎年金を受給するようになった後に、夫（または妻）が原則20年以上の被保険者期間に基づく老齢厚生年金を受けられるようになった場合、配偶者加給年金額は支給されず、その時点から振替加算が支給される。

c. 本人が、老齢厚生年金の受給権者であり、その厚生年金保険の被保険者期間が20年以上であるときは、振替加算は行われない。

d. 本人が、障害基礎年金や障害厚生年金の支給を受けることができるときは、振替加算の支給は停止される。

e. 繰下げしても増額されない。

f. 振替加算が加算された老齢基礎年金を受給している者が夫（または妻）と離婚した場合であっても、それを理由に振替加算の受給権が消滅することはない（ただし、離婚時年金分割に伴い、みなし被保険者期間を含めた厚生年金保険の被保険者期間が20年以上になり、c.に該当する場合は、振替加算は行われなくなる）。

実務上のポイント

- 老齢基礎年金の受給資格期間は、10年以上である。
- 老齢基礎年金は、保険料納付済期間が480月に満たない場合、その期間に応じて年金額が減額される。
- 法定免除と申請免除を受けた期間は年金額の計算に反映される。学生納付特例制度と納付猶予制度を受けた期間は年金額の計算には反映されないが、受給資格期間の計算には反映される。
- 付加年金の額は、200円に付加保険料に係る保険料納付済期間の月数を乗じて算出される。
- 老齢基礎年金の繰上げ支給の1カ月当たりの減額率は、1962年（昭和37年）4月1日以前生まれの者は0.5％だが、1962年（昭和37年）4月2日以後生まれの者は0.4％である。
- 付加年金を受給できる者が老齢基礎年金の繰下げ支給の申出をした場合、付加年金も老齢基礎年金と同じ率で増額される。
- 老齢基礎年金の繰上げ支給の請求をした場合においても、振替加算は65歳に達した月の翌月から支給される。また、繰下げ支給の申出をした場合は、老齢基礎年金の支給開始のときから支給されるが、振替加算については増額されない。

第**5**節

老齢給付（2）老齢厚生年金

① 65歳未満の老齢厚生年金の受給要件、支給開始年齢

　老齢厚生年金の受給要件は、**老齢基礎年金を受給するために必要な受給資格期間（10年以上）を満たしていること**が前提条件となる。そのうえで、**厚生年金保険の被保険者期間が1年以上**あれば、生年月日により、65歳未満に**特別支給の老齢厚生年金**が支給される場合がある。また、厚生年金保険の被保険者期間が1カ月以上であれば、65歳に達してから老齢基礎年金に上乗せするかたちで、老齢厚生年金が支給される〔図表2－13〕。

（1）老齢厚生年金の支給開始年齢

　65歳未満の老齢厚生年金は、65歳以降の老齢厚生年金と区別して「特別支給の老齢厚生年金」と呼ばれている。老齢厚生年金の支給開始年齢は、元々は60歳からだったが、段階的に引き上げられてきた。法律の本則上は既に65歳支給開始とされているが、60歳代前半の支給については附則に定められていて、65歳未満に支給される老齢厚生年金を「特別支給の老齢厚生年金」と呼び、65歳以上の「（本来の）老齢厚生年金」と区別している。

　特別支給の老齢厚生年金は、①厚生年金保険の被保険者期間の長さのみに応じて年金額が計算される定額部分と、②被保険者期間の長さと、被保険者期間全体の標準報酬月額と

〔図表2－13〕65歳未満の老齢厚生年金の受給要件

・①＋②＋③≧10年かつ②≧1年のときは、生年月日により定められた年齢から
　特別支給の老齢厚生年金を支給。
・①＋②＋③≧10年かつ②≧1カ月のときは、65歳からは老齢厚生年金を支給。

〔図表2−14〕65歳未満の老齢厚生年金の支給開始年齢の引上げ

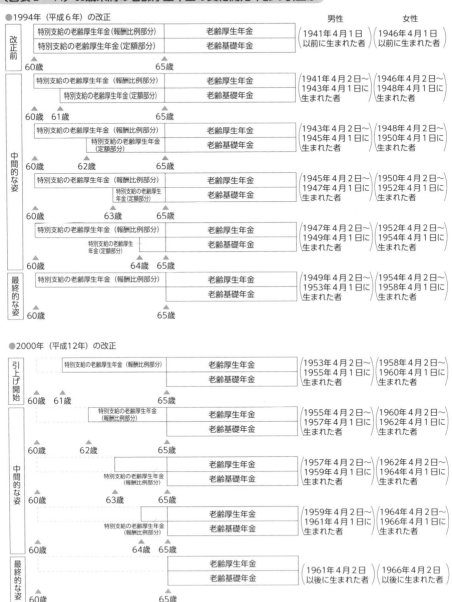

女子の第1号厚生年金被保険者期間に係る65歳未満の老齢厚生年金の支給開始年齢は5年遅れで引き上げられる。

標準賞与額の総額を被保険者期間の月数で除した額である平均標準報酬額に応じて年金額が計算される報酬比例部分とから構成される（ただし、生年月日等によって、必ずしも①、②の両方が支給されるわけではない）。

　老齢厚生年金は従来60歳から支給されていたが、1994年（平成6年）の改正で、定額部分の支給開始年齢が段階的に引き上げられることが決まった。性別、生年月日に応じて、60歳から受けられる年金は、報酬比例部分のみに段階的に切り替わっていくことになった〔図表2−14（前半部分）〕。

　さらに、2000年（平成12年）の改正により、特別支給の老齢厚生年金の報酬比例部分も段階的に引き上げられることが決まり、65歳未満の老齢厚生年金は原則として廃止されることとなった〔図表2−14（後半部分）〕。

　なお、第1号厚生年金被保険者期間に基づく特別支給の老齢厚生年金は、女子は男子よりも5年遅れで支給開始年齢の引上げが実施される。第2号〜第4号厚生年金被保険者期間に基づく特別支給の老齢厚生年金は、性別による支給開始年齢の差異はない。

（2）障害者の特例と長期加入者の特例

　60歳から特別支給の老齢厚生年金の定額部分が支給されない1941年（昭和16年）（第1号厚生年金被保険者期間を有する女子は1946年（昭和21年））4月2日以後に生まれた者であっても、次の①②の者の場合には、「障害者の特例」「長期加入者の特例」として、〔図表2−14〕の報酬比例部分が支給される年齢から、報酬比例部分に加え、定額部分、加給年金額（要件を満たすとき加算）を合わせた額が支給される。

① 障害等級が1級から3級に該当する障害のある者
② 厚生年金保険の被保険者期間が44年（528月）以上ある者（第1号〜4号の被保険者の種別ごとの期間により判定する）

　ただし、この特例は被保険者でない者に限り適用される。

　なお、この特例は報酬比例部分の支給開始年齢の引上げに合わせて適用される年齢が段階的に引き上げられ、最終的には廃止される。

② 65歳未満の老齢厚生年金の額

65歳未満の老齢厚生年金は報酬比例部分と定額部分に分けられる。さらに、一定の要件を満たせば加給年金額が加算される（後述）。なお、第１号〜４号のうち２つ以上の厚生年金被保険者期間を有する者の年金額は各号の厚生年金被保険者期間ごとに計算する。

（1）報酬比例部分

① 本来水準の額

2004年（平成16年）の改正により、報酬比例部分（本来水準による）の計算式は、本規定では次のようになった。

報酬比例部分の年金額

年金額＝Ａ＋Ｂ

Ａ　平均標準報酬月額 × 生年月日に応じた乗率Ⓑ (※) × 平成15年３月以前の被保険者期間の月数 （総報酬制導入前）

Ｂ　平均標準報酬額 × 生年月日に応じた乗率Ⓓ (※) × 平成15年４月以後の被保険者期間の月数 （総報酬制導入後）

（※）〔図表２−15〕参照。ＡとＢの式の乗率は、1946年（昭和21年）４月２日以後に生まれた者については、それぞれ1,000分の7.125と1,000分の5.481が適用される。平均標準報酬月額、平均標準報酬額は、毎年度改定される再評価率により再評価した額による。

上記算式における平均標準報酬月額および平均標準報酬額は、最近の賃金や物価水準の変動に応じて見直す再評価を行う。具体的には厚生年金保険の加入中の標準報酬月額、標準賞与額に毎年度改定される再評価率を掛けて平均標準報酬月額、平均標準報酬額を計算する。なお、2000年（平成12年）改正において、厚生年金の報酬比例部分の水準を５％適正化することになったが、このときの経過措置として、５％適正化前（従前額保障の額）の年金額と５％適正化後（本来水準の額）の年金額を比較し、高いほうの年金額を支給す

〔図表２−15〕定額部分と報酬比例部分の乗率

生年月日	定額部分	報酬比例部分(総報酬制前)		報酬比例部分(総報酬制後)	
		旧乗率Ⓐ	新乗率Ⓑ	旧乗率Ⓒ	新乗率Ⓓ
1946年（昭和21年）４月２日以後	1.000	7.50	7.125	5.769	5.481

（※）1946年（昭和21年）４月１日以前生まれの人は異なる。

ることとなっている。

② 平均標準報酬月額、平均標準報酬額

平均標準報酬月額とは、2003年（平成15年）3月以前の被保険者期間中の標準報酬月額に再評価率を乗じた額を平均した額をいい、次のように計算する。

平均標準報酬月額（2003年（平成15年）3月以前の期間）

$$\frac{\text{被保険者であった期間の標準報酬月額（×再評価率）の総計}}{\text{被保険者であった期間の総月数}}$$

また、平均標準報酬額とは、総報酬制導入以後、すなわち2003年（平成15年）4月以後の被保険者期間中の標準報酬月額（再評価率を乗じた額）と標準賞与額（再評価率を乗じた額）の総額を平均した額をいい、次のように計算する。

平均標準報酬額（2003年（平成15年）4月以後の期間）

$$\frac{\text{被保険者であった期間の標準報酬月額（×再評価率）および標準賞与額（×再評価率）の総計}}{\text{被保険者であった期間の総月数}}$$

（2）定額部分

定額部分の年金額

1,701円（定額単価）×生年月日に応じた乗率[※]×被保険者期間の月数

（※）　1946年（昭和21年）4月2日以後に生まれた者については、1.000〔図表2−15〕。

① 定額部分の単価は、「1,628円×改定率」により計算した額である。2024年度（令和6年度）の改定率は、「1.045」。なお、既裁定者の定額単価は1,696円となる。

② 被保険者期間の月数には、報酬比例部分と異なり、480月（40年）（1946年（昭和21年）4月2日以後生まれの場合）の上限が設けられている。この上限は第1号〜4号厚生年金被保険者の種別ごとの期間について適用される。

❸ 65歳未満の老齢厚生年金と繰上げ支給

(1) 老齢基礎年金の全部繰上げ

　60歳から65歳に達するまでの間に老齢基礎年金を繰り上げる方法には「全部繰上げ」と「一部繰上げ」の2つの方法があった。

　しかし、1949年（昭和24年）4月2日以後に生まれた者（第1号厚生年金被保険者であった期間を有する女子は5年遅れ（1954年（昭和29年）4月2日以後に生まれた者））は、特別支給の老齢厚生年金の定額部分が支給されないため、一部繰上げは請求できず、全部繰上げの請求しかできない。

　特別支給の老齢厚生年金と繰上げ支給の老齢基礎年金は、併給できる。また、全部繰上げは、65歳以降の老齢基礎年金のすべてを、60歳以降で65歳になるまでに繰り上げる方法であり、この場合は減額された老齢基礎年金が支給される。

　老齢基礎年金の全部繰上げの額は、次の計算式で計算される。

老齢基礎年金の全部繰上げの額

本来の老齢基礎年金の額×（1－繰上げ月数×0.4%（※））

（※）　1962年（昭和37年）4月1日以前生まれは0.5%

　上の式の繰上げ月数とは、老齢基礎年金の全部繰上げを請求した月から65歳到達月の前月までの月数をいう。老齢基礎年金の全部繰上げを請求すると、本来の老齢基礎年金の額から繰上げ月数（上限は60カ月）に1カ月当たりの繰上げ減額率0.4%（1962年（昭和37年）4月2日以後生まれの場合）を乗じた率だけ減額されて支給されることになるわけである。したがって、最長の60カ月繰り上げた場合は、24%（60カ月×0.4%）減額されて本来の額の76%が支給される。

(2) 報酬比例部分の年金および老齢厚生年金の繰上げ制度

　特別支給の老齢厚生年金（報酬比例部分の年金）の支給開始年齢が段階的に60歳から引き上げられる1953年（昭和28年）（第1号厚生年金被保険者であった期間を有する女子は1958年（昭和33年））4月2日から1961年（昭和36年）（第1号厚生年金被保険者であった期間を有する女子は1966年（昭和41年））4月1日生まれの者は、60歳以降、報酬比例部分が支給されるまでの間に、報酬比例部分の年金を繰上げ請求することができる。この場

合、**老齢基礎年金を同時に繰り上げて支給を受けなければならない。**1カ月当たりの減額率は老齢基礎年金と同じであるが、**繰上げ月数については両者で異なる点に注意が必要である。**具体的には、報酬比例部分の年金の繰上げ月数は、繰上げ請求月から報酬比例部分の年金の本来の支給開始年齢到達月の前月までの間で数え、老齢基礎年金の繰上げ月数は、繰上げ請求月から65歳到達月の前月までの間で算出する。

　また、1961年（昭和36年）（第1号厚生年金被保険者であった期間を有する女子は1966年（昭和41年））4月2日以降に生まれた者（年金の支給開始時期は65歳以降）は、60歳から65歳到達月の前月までの間に、老齢厚生年金を繰上げ請求することができる。この場合、**老齢基礎年金を同時に繰り上げて支給を受けなければならない**（減額率はいずれも老齢基礎年金と同じ）。

❹ 65歳以上の老齢厚生年金の額

　65歳からの老齢厚生年金は、①厚生年金保険の被保険者期間が1カ月以上で、②老齢基礎年金を受給するために必要な受給資格期間（10年以上）を満たしている場合に支給される。つまり、厚生年金保険の被保険者期間が1カ月以上1年未満で65歳以前に特別支給の老齢厚生年金を受給できなかった人でも、老齢基礎年金の受給資格期間を満たすことができれば、65歳から老齢厚生年金が支給される。

（1）老齢厚生年金の年金額

　65歳になると特別支給の老齢厚生年金の受給権は失権し、代わって老齢基礎年金と老齢厚生年金の受給権が発生する。この65歳から支給される老齢厚生年金の額は、特別支給の老齢厚生年金の報酬比例部分の計算式で計算した額に経過的加算を加えた額であり、さらに、一定の要件を満たせば加給年金額が加算される（後述）。

　平均標準報酬月額および平均標準報酬額の計算の仕方、生年月日によって定まる乗率、被保険者期間の月数の取扱いについては特別支給の老齢厚生年金と同様である。

（2）経過的加算

　65歳以降の年金は、老齢厚生年金が特別支給の老齢厚生年金の報酬比例部分と同様であるのに対し、老齢基礎年金の計算式は特別支給の老齢厚生年金の定額部分とは異なり、老齢基礎年金に比べて定額部分のほうが高額となる。

第2章

また、次の2つの期間については、合算対象期間に算入されることとなっており、老齢基礎年金の年金額には反映されない。

①　1961年（昭和36年）4月1日前の厚生年金保険の被保険者期間

②　1961年（昭和36年）4月1日以後の厚生年金保険の被保険者期間のうち、20歳前の期間と60歳以後の期間

そこで、制度の経過的な措置により、報酬比例の年金額に次の式で計算した額が加算されることとなっている。この加算を経過的加算といい、具体的には特別支給の老齢厚生年金の定額部分相当額から、1961年（昭和36年）4月以後で20歳以上60歳未満の厚生年金保険の被保険者期間の月数で計算された老齢基礎年金相当額を差し引いた額である。

経過的加算額

> 1,701円×生年月日に応じた乗率[※1]×厚生年金保険の被保険者期間の月数[※2]
>
> $$-81万6,000円×\frac{昭和36年4月以後で20歳以上60歳未満の厚生年金保険の被保険者期間の月数}{480}$$
>
> （※1）1946年（昭和21年）4月2日以後に生まれた者については、1.000。
> （※2）第1号～第4号厚生年金被保険者の種別ごとに480月が上限（1946年（昭和21年）4月2日以後生まれの場合）

なお、計算式中の1,701円は「1,628円×改定率」に、81万6,000円は「78万900円×改定率」により計算した額である（2024年度（令和6年度）の改定率は1.045）。

（3）老齢厚生年金の繰下げ制度

①　繰下げ支給の対象となる年金

老齢厚生年金の繰下げは、65歳以降の老齢厚生年金が対象である。65歳になるまでの間に支給される特別支給の老齢厚生年金は、定額部分および報酬比例部分ともに繰下げ支給の対象とはならない。

②　繰下げ支給による増額率

繰下げ支給の増額率は、老齢基礎年金の繰下げ増額率と同じ「繰下げ月数×0.7％」となる（増額の対象になるのは報酬比例部分と経過的加算額であり、加給年金は増額されない）。繰下げ月数とは、65歳になった月から繰下げを希望する月の前月までの月数である。

繰下げ支給の上限年齢は、従来は70歳であったが、2022年（令和4年）4月1日より75歳に引き上げられた。ただし、引上げの対象となるのは、施行日以後に70歳に達する者に限られる。したがって、生年月日が1952年（昭和27年）4月2日以後の者については繰下げ支給の上限年齢が75歳に引き上げられ、増額率が最大で「120月×0.7％＝84％」となる。

生年月日が1952年（昭和27年）4月1日以前の者については、繰下げ支給の上限年齢は従来どおり70歳で、増額率は最大で「60月×0.7％＝42％」である。

なお、老齢厚生年金の受給権を取得してから10年（生年月日が1952年（昭和27年）4月1日以前の場合は5年）を経過した日以後に繰下げの申出をした場合は、10年（5年）を経過した日の属する月に遡って繰下げの申出をしたものとして増額された年金が支給される。このため、75歳（生年月日が1952年（昭和27年）4月1日以前の場合は70歳）以降に繰下げの申出をした場合でも、75歳（70歳）に繰下げの申出があったものとみなした年金が支給される。

また、2023年（令和5年）4月1日から、70歳以降に老齢厚生年金を請求し、請求時点における繰下げ申出の選択を希望しない場合は、5年前に繰下げ申出があったものとして年金が支給されることとなった。

③ 在職老齢年金との関係

繰下げ支給の増額の対象となる年金額は、在職老齢年金制度が適用されたと仮定した場合の支給調整後の年金額となる。つまり、**在職老齢年金制度が適用された場合に支給停止される年金額は増額の対象にはならない**〔図表2－16〕。

④ 老齢基礎年金との関係

老齢厚生年金を繰下げしても、老齢基礎年金は**同時に繰り下げる必要はなく**、65歳から受給できる。

〔図表2－16〕老齢厚生年金の繰下げ制度

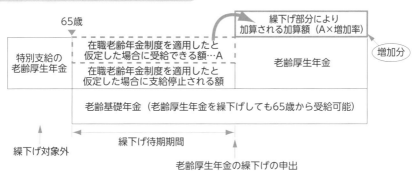

例　題

Q:

嘱託契約社員であるＣさんは1959年（昭和34年）４月10日生まれである。老齢厚生年金の支給を70歳まで繰り下げた場合、年金額は月額いくら増額するか。なお、下記の各種金額は変化しないものとする。

・総報酬月額相当額（70歳になるまで）43万円
・老齢厚生年金120万円（基本月額10万円）

A:

（1）在職老齢年金の支給調整（月額）

$$(43万円＋10万円－50万円) \times \frac{1}{2} = 1.5万円$$

→老齢厚生年金：10万円－1.5万円 ＝8.5万円

（2）繰下げ支給により（1）の8.5万円から増額される年金額（月額）

8.5万円×（60月×0.7%）＝３万5,700円

（※）在職老齢年金の支給調整の計算式については本章第６節参照

⑤ 加給年金額

（1）加給年金額の支給要件

　加給年金額は、一定の要件を満たす場合、65歳以後の老齢厚生年金の受給開始時から加算される。特別支給の老齢厚生年金の報酬比例部分だけを受給している間は加算されない。

　加給年金額が加算されるためには、受給権者の厚生年金保険の被保険者期間が原則として**20年以上**（第1号から第4号のうち2以上の厚生年金被保険者期間を有する場合は合算した期間）であること、受給権者と加給年金額の加算の対象者との間に生計維持関係があることが必要である。

　老齢厚生年金の計算の基礎となる被保険者期間の月数が在職時改定により240月となる場合にも、その時点の生計維持関係に応じて加給年金額が加算される。

　加給年金額の対象者には配偶者のほか一定の年齢要件を満たす子も含まれ、それぞれの額を加えた額が加算される。

①　生計維持関係

　老齢厚生年金の受給権者と加給年金額の対象者との間には、生計維持関係があることが必要である。その判断は、原則として、老齢厚生年金の**受給権を得た時点**で行う。

　具体的な判断基準は、加給年金額の対象者、つまり生計を維持される者の年収で判断し、受給権者と生計を同一にしていた者で、年収850万円以上の収入を将来にわたって得られない者が該当する。また、所得が年額655万5,000円未満であれば、この条件に該当するものとされ、生計維持関係は認められる。なお、老齢厚生年金の受給権を得た当時、年収が850万円以上であっても、おおむね5年以内にこの年収を下回ることが確実であれば、生計維持関係が認められる。

②　対象となる配偶者

　65歳未満の配偶者が対象となる。婚姻届を出している妻（夫）だけではなく、事実婚関係にある者、いわゆる内縁の妻（夫）も含む。事実婚関係とは、婚姻の届出をしていないが、社会通念上、夫婦としての共同生活と認められる事実関係をいう。

　なお、届出による婚姻関係と内縁関係が重複している場合、届出による婚姻関係が優先される。しかし、届出による婚姻関係の実態がまったく失われている場合に限り、内縁関係を事実婚として認めて優先する場合がある。

　加給年金額の**対象となる配偶者自身**が、原則として**20年以上**（第1号～第4号のうち2

以上の厚生年金被保険者期間を有する場合は合算した期間）**の被保険者期間に基づく老齢厚生年金や障害基礎年金、障害厚生年金を受けられる場合、加給年金額は支給停止**となる。

③　対象となる子

18歳到達年度末（18歳になった日以後、最初の 3 月31日）までの子、または、障害の程度が、障害基礎年金の障害等級表の 1 級または 2 級の状態にある場合は20歳未満の子が対象となる。実子はもちろん、養子、認知した子、そして受給権を取得したとき胎児だった子も含む。ただし、胎児は出生の月の翌月から対象者となる。

(2) 加給年金額

加給年金額は、〔図表 2 −17〕のとおりである。また、1934年（昭和 9 年） 4 月 2 日以後に生まれた受給権者に配偶者に係る加給年金額が加算される場合は、さらに、生年月日に応じて特別加算額が加算される〔図表 2 −18〕。つまり、1943年（昭和18年） 4 月 2 日以後生まれの配偶者加給年金額は、40万8,100円となる。なお、この生年月日は、受給権者のものであり、配偶者のものではない。

(3) 加給年金額の減額改定

加給年金額の対象者が、次のいずれかに該当したときは、その者は加給年金額の対象者から外れる。該当した月の翌月から年金額は減額される。

①　死亡したとき

〔図表 2 −17〕加給年金額（2024年度（令和 6 年度）価額）

		加給年金額
配　偶　者	22万4,700円×改定率	23万4,800円
1 人目・2 人目	22万4,700円×改定率	23万4,800円
3 人目	7 万4,900円×改定率	7 万8,300円

〔図表 2 −18〕特別加算額（2024年度（令和 6 年度）価額）

受給権者の生年月日		特別加算額
昭和 9 年 4 月 2 日～昭和15年 4 月 1 日	3 万3,200円×改定率	3 万4,700円
昭和15年 4 月 2 日～昭和16年 4 月 1 日	6 万6,300円×改定率	6 万9,300円
昭和16年 4 月 2 日～昭和17年 4 月 1 日	9 万9,500円×改定率	10万4,000円
昭和17年 4 月 2 日～昭和18年 4 月 1 日	13万2,600円×改定率	13万8,600円
昭和18年 4 月 2 日以後	16万5,800円×改定率	17万3,300円

② 受給権者による生計維持の状態がやんだとき

③ 配偶者と離婚したとき

④ 配偶者が65歳に達したとき

⑤ 子が養子縁組によって受給権者の配偶者以外の者の養子となったとき

⑥ 養子が離縁したとき

⑦ 子が婚姻したとき

⑧ 子について18歳到達年度の末日が終了したとき（ただし、1級または2級の障害の状態にあるときを除く）

⑨ 18歳到達年度の末日から20歳未満の障害の状態にある子が、1級または2級の障害の状態に該当しなくなったとき

⑩ 障害の状態にある子が20歳に達したとき

Q: 例 題

Dさんは約40年勤務した会社を2023年（令和5年）9月10日に63歳で退職した。Dさん夫婦の年金加入歴、平均標準報酬額等が以下のとおりである場合、Dさん夫婦が受け取れる年金額（本来水準による2024年度価額）はいくらになるか。

- Dさん：1960年（昭和35年）9月10日生まれ
- Dさんの妻：1961年（昭和36年）12月22日生まれ（専業主婦）
- 子はすべて社会人
- Dさんの年金加入歴：厚生年金保険のみ加入
  総報酬制導入前：1983年（昭和58年）4月～2003年（平成15年）3月（240カ月）平均標準報酬月額37万円
  総報酬制導入後：2003年（平成15年）4月～2023年（令和5年）8月（245カ月）平均標準報酬額60万円
- Dさんの妻の年金加入歴：国民年金の第1号被保険者期間に係る保険料納付済期間および第3号被保険者期間が35年8カ月（428カ月）
- Dさんの妻の振替加算の額：1万5,732円（2024年度（令和6年度）価額）

　　　　　　　　※年金額の計算は1円未満四捨五入（以下同様）

（1）Dさんが64歳〜65歳になるまでの年金額
　①報酬比例部分

$$=37万円×\frac{7.125}{1,000}×240月+60万円×\frac{5.481}{1,000}×245月$$

$$=143万8,407円$$

　〈報酬比例部分〉
　143万8,407円

（2）Dさんが65歳以降の年金額（Dさんの妻の年金支給開始前）
　①老齢基礎年金

$$81万6,000円×\frac{449月}{40年×12月}=76万3,300円$$

　②老齢厚生年金（報酬比例部分）
・報酬比例部分
　143万8,407円　　　　　　　（※）（1）の計算と同様
・経過的加算

$$1,701円×480月－81万6,000円×\frac{449月}{480月}$$

$$=5万3,180円$$

　143万8,407円＋5万3,180円＝149万1,587円
　③配偶者加給年金額
　　23万4,800円＋17万3,300円＝40万8,100円（Dさんの生年月日で判定）
　＜合　計＞
　　76万3,300円＋149万1,587円＋40万8,100円＝266万2,987円

（3）Dさんが65歳以降の夫婦の年金額（Dさんの妻の年金支給開始後）
　①Dさんの老齢基礎年金＋老齢厚生年金
　　76万3,300円＋149万1,587円＝225万4,887円
　②Dさんの妻の老齢基礎年金

$$81万6,000円×\frac{428月}{40年×12月}=72万7,600円$$

　③振替加算
　　1万5,732円（Dさんの妻の生年月日で判定）

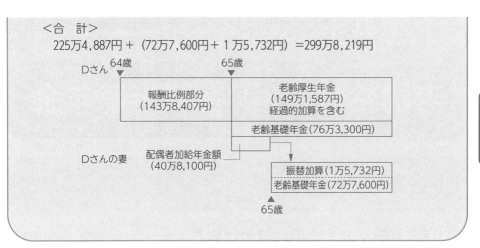

実務上のポイント

- 特別支給の老齢厚生年金が支給されるためには、老齢基礎年金の受給資格期間（10年）を満たし厚生年金保険の被保険者期間が1年以上あることなどの要件を満たす必要がある。
- 老齢厚生年金の繰上げ支給を請求するときは、その請求と同時に老齢基礎年金の繰上げ支給の請求もしなければならない。繰下げは別々に行うことができる。
- 厚生年金保険の被保険者期間が原則として20年以上あり、受給権が発生した時点で一定の要件を満たす配偶者や子がいる場合、原則として65歳から老齢厚生年金に加給年金額が加算される。
- 老齢厚生年金を繰下げ受給した場合においても、加給年金額は増額されない。

第 **6** 節

老齢給付（3）在職老齢年金

❶ 在職老齢年金

（1）在職老齢年金とその計算の仕組み

　60歳以降の支給開始年齢に達し、受給要件を満たすと、特別支給の老齢厚生年金の受給権が発生する。また、要件を満たす65歳以上の者には老齢厚生年金の受給権が生じる。

　しかし、厚生年金保険の被保険者として働く場合、給与等と公的年金の合計が一定額以上になると、以下の在職支給停止の仕組みにより、特別支給の老齢厚生年金、繰上げ支給の老齢厚生年金または老齢厚生年金の一部または全部が支給停止される。ただし、要件に該当しない場合は、在職支給停止されることはない。

　2022年（令和4年）4月1日からの在職老齢年金は、60歳台前半の在職老齢年金について、これまでの支給停止調整開始額を引き上げ、厚生年金保険法第46条第3項に規定する支給停止調整額50万円（2024年度（令和6年度）の価額）とし、支給停止調整変更額の規定は削除された。したがって、60歳以降は年齢を問わず、これまでの65歳台後半の在職老齢年金の仕組みに統一された。

（2）在職老齢年金の計算の基本

　a.「総報酬月額相当額」：その月の標準報酬月額$+\dfrac{その月以前1年間の標準賞与額}{12}$

　b.「基本月額」：$\dfrac{特別支給の老齢厚生年金の額}{12}$または$\dfrac{老齢厚生年金の額}{12}$

注　分子の年金額には経過的加算額、加給年金額、繰下げ加算額、老齢基礎年金を除く

　c.支給停止が行われない場合

> 総報酬月額相当額＋基本月額 ≦ 50 万円（支給停止調整額）

　この場合、特別支給の老齢厚生年金および老齢厚生年金は支給調整されることはなく、全額支給される。

　ｄ．支給停止が行われる場合

> 総報酬月額相当額＋基本月額 ＞ 50 万円（支給停止調整額）

　ｅ．支給停止額（月額）

> 支給停止額（月額）＝（総報酬月額相当額＋基本月額－ 50 万円）× $\frac{1}{2}$

　ｆ．支給停止額（年額）

> 支給停止基準額＝支給停止額（月額）× 12

　支給停止調整額50万円（2024年度（令和6年度）の額）は、名目賃金の変動に応じて毎年度改定されている。

　65歳未満の在職老齢年金は、さらに雇用保険の高年齢雇用継続給付との調整が適用される。

(3) 60歳台前半（65歳未満）の在職老齢年金

　特別支給の老齢厚生年金または繰上げ支給の老齢厚生年金が在職支給停止の対象となる。

Q: 例　題

会社員のＥさんは60歳で定年を迎えたが、その後も継続して勤務しており、65歳になるまで勤務し続ける予定である。Ｅさんが会社に勤務しながら63歳から受け取れる年金額はいくらになるか。下記内容に基づき計算すること。
　Ｅさん：1962年（昭和37年）10月10日生まれ（女性）
　● 給与：32万円（標準報酬月額32万円、直近1年間の賞与の合計120万円）
　● 特別支給の老齢厚生年金（報酬比例部分）：120万円（63歳から）

A:

総報酬月額相当額 = 32万円 + $\dfrac{120万円}{12}$ = 42万円

基本月額 = $\dfrac{120万円}{12}$ = 10万円

120万円 − (42万円 + 10万円 − 50万円) × $\dfrac{1}{2}$ × 12 = 108万円

(4) 60歳台後半（65歳以上70歳未満）の在職老齢年金

老齢厚生年金の報酬比例部分が在職支給停止の対象となる。

全額支給停止となる場合であっても、経過的加算額は支給停止されない。加給年金額は全額支給停止のときは加算されないが一部支給停止の場合は全額が加算される。

なお、繰下げ支給の老齢厚生年金は、在職支給停止の仕組みにより支給停止とされる部分の金額については支給繰下げの増額の対象とならない。

例 題

Q:

会社員のＦさんは65歳以後も継続して会社に勤務する予定である。65歳以降Ｆさんが受け取れる年金額（Ｆさんの妻が65歳になるまで）の総額はいくらになるか。下記内容に基づき計算すること。

- Ｆさん：1959年（昭和34年）10月30日生まれ（男性）
- 給与：40万円（標準報酬月額41万円、直近1年間は賞与なし）
- 老齢厚生年金（報酬比例部分）：120万円
- 配偶者加給年金額：40万8,100円
- 老齢基礎年金：81万6,000円

A:

総報酬月額相当額 ＝ 41万円

$$基本月額 = \frac{120万円}{12} = 10万円$$

$$120万円 - (41万円 + 10万円 - 50万円) \times \frac{1}{2} \times 12 = 114万円$$

114万円 ＋ 40万8,100円^(※) ＋ 81万6,000円 ＝ 236万4,100円

（※）加給年金額は減額の対象にならない。また、老齢基礎年金も減額されず支給される。

（5）70歳以上の在職老齢年金

　老齢厚生年金の受給権者が引き続き**70歳以上**で使用される者（適用事業所に使用される所定の要件に該当する者に限る）である場合、**在職支給停止と同様の仕組み**により、老齢厚生年金の支給停止が行われる。

（6）在職定時改定と退職時改定

　老齢厚生年金の額は、65歳以降に受給権を取得する月前の厚生年金保険の被保険者であった全期間の平均標準報酬月額および平均標準報酬額等を基に各種算式により計算される。

　その後も継続して厚生年金保険の被保険者であるときは、この間は年金額の計算基礎には含まれず、退職等により被保険者資格を喪失した月の翌月に年金額に反映する「退職時改定」の仕組みが設けられている。

　たとえば、65歳から老齢厚生年金を受給している者が、厚生年金保険の被保険者として70歳まで働き続けるケースでは、65歳から70歳までの厚生年金保険料に対応する年金額は、これまで70歳に達し厚生年金保険の被保険者資格を喪失するまでは受給することができなかった。

　2022年4月以降は、老齢厚生年金の受給権者であっても毎年9月1日（以下、「基準日」という）に厚生年金保険の被保険者である場合、基準日の前月である8月までの被保険者であった期間を計算の基礎とし、基準日の翌月である10月分から年金額を改定する「在職定時改定」の仕組みが導入された。これにより、65歳以降の厚生年金保険の保険料が毎年の年金額に反映することになる。なお、65歳前の年金にはこの仕組みは適用されない。

つまり、70歳まで働き続けるケースでは、毎年9月を基準日として「在職定時改定」により8月までの年金額が計算され10月の年金額が増額改定される。また、70歳に被保険者資格を喪失すると「退職時改定」により年金額が改定される。

〔図表2－19〕在職定時改定

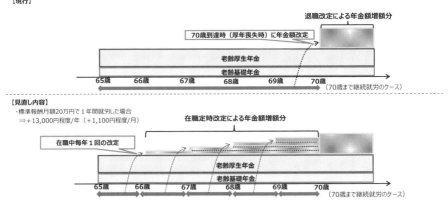

出所：厚生労働省

❷ 雇用保険の高年齢雇用継続給付との調整

特別支給の老齢厚生年金と高年齢雇用継続給付が同時に受けられる場合、在職老齢年金の支給調整に加えて高年齢雇用継続給付との調整も行われる。

老齢厚生年金と高年齢雇用継続給付との具体的な調整の仕組みは、次のとおりである。

高年齢雇用継続給付は全額受け取り、在職老齢年金については、以下の調整額がさらに支給停止となる〔図表2－20〕。

第2章

在職老齢年金の調整額

a．標準報酬月額が60歳到達時の賃金額（みなし賃金日額に30を乗じて得た額）の61％未満のとき

調整額＝**標準報酬月額**×$\dfrac{6}{100}$

b．標準報酬月額が60歳到達時の賃金額の61％以上75％未満であるとき

調整額＝標準報酬月額×年金停止率（$\dfrac{6}{100}$から一定の割合で逓減するように定められた率）

c．標準報酬月額と a. または b. により計算した調整額に6分の15を乗じて得た額との合計額が高年齢雇用継続給付の支給限度額（2024年（令和6年）7月までは37万452円）を超えるとき

調整額＝（支給限度額－標準報酬月額）×$\dfrac{6}{15}$×12

（※）この調整額が、加給年金額を除いた在職老齢年金による調整後の支給額を超える場合、年金は全額が支給停止となる。

〔図表2－20〕高年齢雇用継続給付による調整

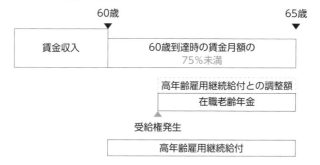

Q: 例 題

会社員のGさん（1962年（昭和37年）6月10日生まれの女性）は60歳の定年後も継続して会社に勤務しており、65歳になるまで勤務し続ける予定である。Gさんが63歳以後に受け取れる月収の合計額（給与＋在職老齢年金＋高年齢雇用継続基本給付金）はいくらになるか。

・60歳以後の賃金（月収）：28.8万円（標準報酬月額は28万円）
・63歳時点の総報酬月額相当額（直前1年間の賞与合計132万円）：39万円
・60歳到達時の賃金月額：48万円
・特別支給の老齢厚生年金（報酬比例部分）：144万円（63歳から）

①在職老齢年金（月額）

$$\frac{144万円}{12カ月} - (39万円+12万円-50万円)\times\frac{1}{2} = 11.5万円$$

②高年齢雇用継続基本給付金

$$\frac{28.8万円}{48万円^{（※）}} \fallingdotseq 60\% < 61\%$$

（※）60歳到達時の賃金は48万6,300円が上限となる（2024年（令和6年）7月まで）。

28.8万円×15%（支給率）＝4万3,200円

③在職老齢年金の調整額

28万円×6%＝1万6,800円

④併給調整後の在職老齢年金

11.5万円－1万6,800円＝9万8,200円

⑤月収の合計額

28万8,000円＋9万8,200円＋4万3,200円＝42万9,400円

実務上のポイント

- 厚生年金保険の被保険者に支給される老齢厚生年金は、被保険者の総報酬月額相当額と基本月額との合計額が50万円を超える場合、在職老齢年金の仕組みにより年金額の一部または全部が支給停止となる。

- 70歳以上の在職者は厚生年金保険の被保険者とはならないが、在職老齢年金の仕組みによる支給停止は適用される。

- 高年齢雇用継続基本給付金が支給される場合、高年齢雇用継続基本給付金は全額受け取り、在職老齢年金の仕組みによる老齢厚生年金の支給調整のほかに、さらに標準報酬月額の最大6%（標準報酬月額が60歳到達時の賃金額の61%未満のとき）が支給停止される。

第**7**節

遺族給付

❶ 遺族基礎年金

（1）遺族基礎年金の受給要件

　遺族基礎年金は、国民年金の被保険者または被保険者であった者が死亡した場合に、その者によって生計を維持されていたその者の子のある配偶者または子に支給される。ただし、子とは18歳到達年度の末日までの間にあるか、または20歳未満で1級または2級の障害の状態にある子をいう。具体的な要件は次のとおりである。

①　国民年金の被保険者が死亡したとき

②　国民年金の被保険者の資格を失った後、60歳以上65歳未満で日本国内に住んでいる者が死亡したとき

③　老齢基礎年金の受給権者（保険料納付済期間、保険料免除期間および合算対象期間が25年以上である者に限る）が死亡したとき

④　保険料納付済期間、保険料免除期間および合算対象期間が25年以上である者が死亡したとき

　ただし、①②の場合、死亡日前に国民年金の保険料を納めなければならない期間があるときは、死亡した者が一定の保険料納付要件を満たしていなければならない。

（2）保険料納付要件

　原則として、20歳以上60歳未満の者は国民年金に加入して保険料を納付する義務がある。ところが加入中であっても、保険料を長期に滞納している者もいるので、適正な遺族給付の支給の観点から一定期間以上の保険料を納付していることを要件の一つにしている。

　保険料納付要件は、次のいずれかを満たすことが必要である。

〔図表 2 −21〕保険料の納付要件①

```
                                            死亡日の属す
                                            る月の前々月
20歳                                                      死亡
   ┌─────────┬──────┬─────────┬─────────┐
   │保険料納付 │ 滞 納 │保険料免除 │保険料納付 │    │
   └─────────┴──────┴─────────┴─────────┘
       全期間の 3 分の 2 以上
```

〔図表 2 −22〕保険料の納付要件②

```
                                            死亡日の属す
                                            る月の前々月
20歳                                                      死亡
   ┌──────────────┬─────────┬─────────┐
   │   滞     納   │保険料納付 │保険料免除 │    │
   └──────────────┴─────────┴─────────┘
                       1 年間
```

① 保険料納付済期間と保険料免除期間の合計が、死亡日の前日において、死亡日の月の前々月までに被保険者期間がある場合、被保険者期間の 3 分の 2 以上あること。つまり、保険料の滞納期間が全体の 3 分の 1 を超えないこと〔図表 2 −21〕。

② 死亡日が2026年（令和 8 年） 4 月 1 日前の場合は①の要件を満たさなくても、死亡日に65歳未満であれば、死亡日の前日において死亡日の月の前々月までの 1 年間に保険料の滞納がないこと〔図表 2 −22〕。

なお、保険料納付済期間は、基本的には老齢基礎年金の場合と同様だが、国民年金の第 2 号被保険者の20歳前および60歳以後の被保険者期間など、老齢基礎年金では保険料納付済期間に該当しないものも、遺族基礎年金の受給権者要件を判定する際には、保険料納付済期間として取り扱われる。

(3) 遺族基礎年金を受けられる遺族

遺族基礎年金を受けられる遺族は**子のある配偶者**または子であり、死亡した者との間に生計維持関係があることが必要である。

① 生計維持関係の判断

生計維持関係の有無の判断は、生計を維持されていた遺族である配偶者あるいは子の収入で判断する。多くは配偶者の収入で判断され、将来にわたって**年収850万円**（所得が655万5,000円）以上有すると認められた場合、生計維持関係はないと判断される。

なお、被保険者等の死亡当時にこの基準以上の収入があっても、おおむね 5 年以内に基準額未満になることが確実であれば生計維持関係はあったものとみなされる。

② 子または子のある配偶者

　一般に婚姻の届出をしている者は配偶者として当然該当するが、婚姻の届出を出していない、いわゆる事実婚関係にある内縁の配偶者も該当する。また、子には年齢の要件があり、18歳の到達年度末日までの子または20歳未満で1級または2級の障害の状態にある子をいい、養子や死亡のとき胎児だった子も含む。ただし、胎児は出生のときに遺族となる。

　なお、年齢要件を満たしていても現に結婚している子は遺族基礎年金を受けることはできない。

③ 遺族基礎年金を受けられる遺族に該当する場合でも支給停止となる場合

　子のある配偶者と子の受給順位は同じである。したがって、配偶者と子に受給権が同時に生じるが、配偶者に遺族基礎年金の受給権があるときは、子に対する遺族基礎年金は支給停止となる。

(4) 遺族基礎年金の額

① 子のある配偶者に支給される遺族基礎年金の額

　遺族基礎年金の額は定額で、死亡した者の保険料納付済期間の長さは関係ない。基本額として81万6,000円となり、1人目、2人目の子1人につき23万4,800円、3人目以降の子1人につき7万8,300円が加算される〔図表2-23〕。

② 子に支給される遺族基礎年金の額

　子が1人のときは81万6,000円の基本額のみとなり、子が2人のときは23万4,800円、子が3人のときは31万3,100円、以降1人増すごとに7万8,300円が加算される〔図表2-24〕。

　なお、子のある配偶者に支給される遺族基礎年金は、子の加算額の対象となる子の数に増減が生じたときは、その翌月から年金の額が改定される。また、子に支給される遺族基礎年金は、受給権のある子の数に増減が生じたときは、その翌月から年金の額が改定される。

　増額改定は胎児の出生の場合に行われ、減額改定は2人以上の子のうち最後の1人を除

〔図表2-23〕子のある配偶者の遺族基礎年金（2024年度（令和6年度）価額）

	基本額	加算額	合計
子が1人いる配偶者	81万6,000円	23万4,800円	105万800円
子が2人いる配偶者	81万6,000円	46万9,600円	128万5,600円
子が3人いる配偶者	81万6,000円	54万7,900円	136万3,900円

（※）子が4人以上いる配偶者の場合は、子が3人いる配偶者の合計額に1人につき7万8,300円を加算する

〔図表２−24〕子が受ける遺族基礎年金額（2024年度（令和６年度）価額）

	基本額	加算額	合計	１人当たりの額
子が１人のとき	81万6,000円	−	81万6,000円	81万6,000円
子が２人のとき	81万6,000円	23万4,800円	105万800円	52万5,400円
子が３人のとき	81万6,000円	31万3,100円	112万9,100円	37万6,366円

いた子が加算額の対象から外れた場合に該当するたびに行われる。

（5）遺族基礎年金の失権

遺族基礎年金の受給権は、受給権者が死亡すれば当然消滅するが、婚姻したときまたは養子となったとき（直系血族または直系姻族の養子となったときを除く）にも消滅することになっている。これは死亡した者以外の生計維持者の出現によるものである。

また、配偶者独自の失権事由として、すべての子が加算額の対象から外れた場合がある。子が加算額の対象から外れるのは、子が年齢要件から外れた場合のほか、死亡、婚姻、配偶者以外の者との養子縁組、死亡した者との養子縁組の解消、配偶者との生計同一の終了、障害等級に該当する子が18歳到達年度を過ぎ20歳に達する前に障害等級の状態でなくなったときが該当する。

子独自の失権事由は、その子が年齢要件から外れた場合のほか、死亡した者との養子縁組の解消、障害等級に該当する子が18歳到達年度を過ぎ20歳に達する前に障害等級の状態でなくなったときが該当する。

❷ 寡婦年金

（1）寡婦年金の受給要件

次の要件を満たしている場合、妻に60歳から65歳に達するまで寡婦年金が支給される。

① 死亡した夫が国民年金の**第１号被保険者としての保険料納付済期間および保険料免除期間が10年以上あること**（国民年金の第２号、第３号被保険者期間は対象にならない）。

② **夫との婚姻関係（事実婚を含む）が10年以上**あったこと。

ただし、掛け捨て防止のため設けられた年金であり、死亡した夫が老齢基礎年金または障害基礎年金の支給を受けたことがある場合は寡婦年金は支給されない。

(2) 寡婦年金の額

　夫の死亡日の前月までの第1号被保険者（任意加入被保険者を含む）としての被保険者期間について、老齢基礎年金の計算方法で算出した額の**4分の3**である。

❸ 死亡一時金

(1) 死亡一時金の受給要件

　死亡一時金は、**第1号被保険者としての保険料納付済期間の月数が36月以上ある場合**などで、老齢基礎年金または障害基礎年金のいずれの支給も受けない者が死亡したときに、生計を同一にしていたその遺族（配偶者、子、父母、孫、祖父母または兄弟姉妹）に支給される。ただし、**その者の死亡により、遺族基礎年金を受けられる遺族がいるときは、死亡一時金は支給されない。**なお、同一生計とは、死亡した者に生計を維持されていなくても、死亡した者と一緒に生活していたのであればよい。

　寡婦年金と死亡一時金の両方を受けられる場合は、選択によって、どちらか一方を受給することになる。

(2) 死亡一時金の額

　死亡日の前月までの第1号被保険者（任意加入被保険者を含む）としての保険料納付済期間の月数等に応じて、〔図表2－25〕のようになっている。**付加保険料の納付済期間が3年以上ある場合には、8,500円が加算される。**なお、この金額には、物価や賃金によるスライド改定の適用はない。

〔図表2－25〕死亡一時金の額

対象月数 （注）	金額
36月以上180月未満	**12万円**
180月以上240月未満	14万5,000円
240月以上300月未満	17万円
300月以上360月未満	22万円
360月以上420月未満	**27万円**
420月以上	32万円

（注）対象月数は、保険料納付済期間の月数と、保険料の4分の1免除期間はその月数の4分の3、半額免除期間は2分の1、4分の3免除期間は4分の1で計算する。

❹ 遺族厚生年金

(1) 遺族厚生年金の受給要件

遺族厚生年金は、厚生年金保険の被保険者または被保険者であった者が死亡した場合に支給される。具体的な要件は次のとおりである。なお、①を短期要件、②を長期要件という。短期と長期では年金額の計算や後述の中高齢寡婦加算などで取扱いが異なる。

① **短期要件**

　a. 厚生年金保険の被保険者が死亡したとき

　b. 厚生年金保険の被保険者資格喪失後、被保険者期間中に初診日のある傷病で、初診日から5年以内に死亡したとき

　c. 1級または2級の障害厚生年金の受給権者が死亡したとき

② **長期要件**

　d. 老齢厚生年金の受給権者（保険料納付済期間、保険料免除期間および合算対象期間が25年以上である者に限る）または保険料納付済期間、保険料免除期間および合算対象期間が25年以上である者が死亡したとき

a.b. の場合、遺族基礎年金と同様に、死亡した者は保険料納付要件を満たしていなければならない。なお、生計維持関係の判断基準、子に関する取扱いは、遺族基礎年金の場合と同様である。

なお、老齢厚生年金の受給権者（保険料納付済期間が25年以上）であり、現に厚生年金保険の被保険者である者が死亡したことによって、遺族厚生年金の受給権が発生した場合などのように、短期要件と長期要件のいずれにも該当する場合があるが、このような場合には、年金請求時に遺族が特に申し出ない限り、短期要件に該当したものとして取り扱われる。

(2) 遺族の範囲

遺族厚生年金は、死亡した者によって生計維持されていた配偶者（妻・夫）、子、父母、孫または祖父母に支給される。子と孫は18歳到達年度の末日までであるか、20歳未満で1級、2級の障害のある者で現に結婚していない者に限られる。なお、子とは「法律上の子」をいい、養子縁組をしていない事実婚の配偶者の子（連れ子）は含まれない。

また、夫、父母および祖父母は55歳以上であることが必要である。

(3) 遺族に該当しても遺族厚生年金を受けられない場合

　遺族厚生年金を受け取れる遺族は、遺族基礎年金と比べると広い。子および子のある配偶者に加えて、子のない配偶者、父母、孫、祖父母までとなる。しかし、これらの者に同時に遺族厚生年金が支給されるわけではない。受給権の順位が定められており、その順位は、配偶者または子、父母、孫、祖父母の順である。

　複数の順位の遺族がいる場合は、先順位の者が受給権を得ることができ、次順位の遺族には受給権が生じない。また、遺族厚生年金を受けられる先順位の者が受給権を失った場合でも、次順位の者は受給権を取得（転給）できない。

　たとえば、妻と母を扶養している厚生年金保険の被保険者が死亡した場合、遺族厚生年金の支給対象となる「遺族の範囲」は妻と母である。妻と母の順位は、妻が第1順位であるため、妻に遺族厚生年金の受給権が生じる。その妻が他の男性と再婚すると受給権が消滅するが、そのような場合でも母には受給権は移らない。

　また、被保険者の死亡当時、将来にわたる収入が年額850万円以上、または所得が年額655万5,000円以上有すると認められる遺族は、死亡した者との生計維持関係が認定されず、遺族厚生年金の支給を受けることができない。ただし、既に遺族厚生年金の支給を受けている者の収入または所得が上昇しても、遺族厚生年金の支給が停止されることはない。

　なお、次の場合には、遺族厚生年金は支給停止となる。

- ・夫、父母または祖父母に対する遺族厚生年金は、受給権者が60歳に達するまで支給停止となる。ただし、夫に対する遺族厚生年金については、夫が国民年金法による遺族基礎年金の受給権を有するときは支給停止されない。
- ・子に対する遺族厚生年金は、配偶者に遺族厚生年金の受給権がある間支給停止になる。

(4) 遺族厚生年金の額

　遺族厚生年金の額は、老齢厚生年金の報酬比例の年金額の計算式により計算した額の4分の3相当額である。

　なお、第1号～第4号厚生年金被保険者のうち2以上の厚生年金被保険者であった者の遺族厚生年金の額は各号の厚生年金被保険者期間ごとに計算した額となる。

遺族厚生年金の額

年金額＝（A＋B）× $\frac{3}{4}$

  A   平均標準報酬月額 × $\frac{7.125}{1,000}$ × 2003年（平成15年）3 月以前の被保険者期間の月数

  B   平均標準報酬額 × $\frac{5.481}{1,000}$ × 2003年（平成15年）4 月以後の被保険者期間の月数

---

① 短期要件の遺族厚生年金

被保険者期間の月数は、実際に厚生年金保険に加入した月数で計算することを原則とする。しかし、短期要件の遺族厚生年金では、被保険者期間の月数が300月に満たない場合は、300月として計算する。この場合、被保険者期間が2003年（平成15年）3 月以前と 4 月以後にまたがる場合の計算式を示すと、次のようになる。

遺族厚生年金の額

（A＋B）× $\frac{300}{被保険者期間の総月数}$ × $\frac{3}{4}$

なお、乗率は、2003年（平成15年）3 月以前は1,000分の7.125、2003年（平成15年）4 月以後は1,000分の5.481で固定されている。

② 長期要件の遺族厚生年金

長期要件の遺族厚生年金の場合、実際の被保険者期間の月数により計算し、被保険者期間が300月に満たない場合でも300月として計算しない。また、2003年（平成15年）3 月以前の期間で計算される平均標準報酬月額に掛ける乗率1,000分の7.125および2003年（平成15年）4 月以後の期間で計算される平均標準報酬額に掛ける乗率1,000分の5.481については、死亡した人が1946年（昭和21年）4 月 1 日以前の生まれの場合は、死亡した人の生年月日により異なる。

なお、複数の子あるいは父母が受給権者となった場合のように、**2 人以上の者が遺族厚生年金の受給権者となるとき**は、上記の計算式による**年金額を受給権者の数で割った額が 1 人当たりの年金額となる。**

(5) 中高齢寡婦加算

子のない妻には、遺族基礎年金は支給されない。また、子のある妻でも、すべての子について18歳の到達年度の末日が終了するなど、子の加算が受けられなくなる事由に該当す

ると、遺族基礎年金の受給権そのものを失う。そこで、遺族基礎年金が受給できない遺族厚生年金の受給権のある妻に対して、中高齢寡婦加算が加算される。

中高齢寡婦加算の支給要件は、**短期要件の遺族厚生年金の場合は、死亡した者の被保険者期間の長さは問われない**が、**長期要件の遺族厚生年金の場合は、死亡した者の被保険者**期間が、原則として**20年以上**なければならない。

① 受給権取得当時、18歳到達年度の末日までの子（障害者は20歳未満）がいない場合

このケースは、遺族基礎年金は支給されない。そこで、夫の死亡当時の妻の年齢が40歳以上65歳未満であれば、妻が65歳に達するまでの間、遺族厚生年金に中高齢寡婦加算が加算される〔図表2－26〕。

② 受給権取得当時、18歳到達年度の末日までの子（障害者は20歳未満）がいる場合

妻に遺族基礎年金が支給されるが、すべての子について18歳到達年度の末日が終了する（障害者は20歳に到達する）と遺族基礎年金の受給権は失権する。そこで、妻が40歳に達した当時、遺族基礎年金の対象となる子がいるが、その後、子が年齢要件を外れたため遺族基礎年金を受けられなくなったときに、妻が65歳未満であれば、そのときから65歳になるまで中高齢寡婦加算が加算される〔図表2－27〕。

中高齢寡婦加算の額は遺族基礎年金額の4分の3であり、年額61万2,000円（2024年度（令和6年度）の額）の定額である。

(6) 経過的寡婦加算

中高齢寡婦加算は、妻が65歳になるまで支給される。それ以降は、妻に遺族厚生年金と老齢基礎年金が併給されるため打ち切られる。ただし、生年月日によっては、妻の国民年金の加入可能期間が40年よりも短くなるため、老齢基礎年金の額が中高齢寡婦加算の額を下回ることがある。そこで、65歳以後に支給される年金額の低下を防止するために、経過的寡婦加算が支給される。**経過的寡婦加算は、1956年（昭和31年）4月1日以前に生まれ**

〔図表2－26〕子のない場合の中高齢寡婦加算と経過的寡婦加算（例）

〔図表2－27〕子のある場合の中高齢寡婦加算と経過的寡婦加算（例）

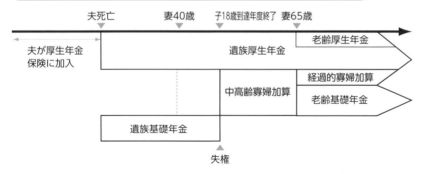

た遺族厚生年金の受給権者である妻が、65歳に達したときに支給される。

　経過的寡婦加算の額は、妻の生年月日で異なり、生年月日が1927年（昭和2年）4月1日以前の場合は中高齢の加算と同額となり、若くなるほどその額は逓減し、生年月日が1956年（昭和31年）4月2日以後の場合は支給されない。

（7）遺族厚生年金の失権

① 受給権者に共通の失権事由

　遺族厚生年金の受給権は、受給権者が死亡すれば当然消滅するが、婚姻したときまたは養子となったとき（直系血族または直系姻族の養子となったときなどを除く）にも消滅する。これは死亡した者以外の生計維持者の出現によるものである。

　また、死亡した者との養子縁組の解消によっても受給権は消滅する。

② 妻独自の失権事由

　夫の死亡当時30歳未満である妻が遺族厚生年金の受給権者となった場合、①のほか、次のいずれかに該当した場合に受給権が消滅する。

　　a. 夫の死亡による遺族基礎年金の受給権を取得しないときは、遺族厚生年金の受給権を取得した日から起算して5年を経過したとき。

　　b. 遺族厚生年金と遺族基礎年金の受給権を有する妻が30歳に到達する日前に当該遺族基礎年金の受給権を消滅したときは、遺族基礎年金の受給権が消滅した日から起算して5年を経過したとき。

③ 子または孫独自の失権事由

　子または孫が遺族厚生年金の受給権者である場合は、①のほか、年齢要件から外れたときおよび障害がある子が18歳到達年度を過ぎ20歳に達する前に障害状態がやんだときは、

受給権が消滅する。

④ 父母、孫または祖父母独自の失権事由

父母、孫または祖父母が遺族厚生年金の受給権者である場合は、死亡した者の死亡の当時胎児であった子が出生したときは、受給権が消滅する。

例 題

Q:

会社員のHさん（1979年（昭和54年）5月10日生まれ）が、2024年（令和6年）10月に死亡した場合、遺族が受け取ることができる①遺族基礎年金、②遺族厚生年金はそれぞれいくらか。Hさんの厚生年金保険の加入歴は以下のとおりであり、Hさんの家族は、妻（Hさんの死亡時点で39歳）、子ども（同16歳）1人である。

- 2002年（平成14年）4月〜2003年（平成15年）3月（12月、平均標準報酬月額300,000円）
- 2003年（平成15年）4月〜2024年（令和6年）9月（258月、平均標準報酬額400,000円）

A:

①遺族基礎年金
　81万6,000円＋23万4,800円＝105万800円

②遺族厚生年金

$$\left(300{,}000円 \times \frac{7.125}{1000} \times 12月 + 400{,}000円 \times \frac{5.481}{1000} \times 258月\right) \times \frac{300月}{270月} \times \frac{3}{4}$$

$$= （2万5{,}650円 + 56万5{,}639.2円） \times \frac{300月}{270月} \times \frac{3}{4}$$

$$= 49万2{,}741円$$

実務上のポイント

- 遺族基礎年金を受給することができる遺族は、国民年金の被保険者等の死亡の当時、その者によって生計を維持されていた所定の要件を満たす配偶者および子に限られる。

- 寡婦年金を受けるためには、第1号被保険者としての保険料納付済期間と保険料免除期間が合算して10年以上必要である。

- 寡婦年金の支給対象者は、婚姻期間10年以上の妻である。

- 寡婦年金と死亡一時金の両方の受給要件を満たしている場合は、併給されず一方を選択する。

- 遺族厚生年金を受けることができる遺族は、被保険者または被保険者であった者と生計維持関係にあった配偶者または子、父母、孫、祖父母であり、先順位の者が受給する場合、後順位の者は受給できない。

- 遺族厚生年金の額は、死亡した者の厚生年金保険の被保険者期間を基礎として老齢厚生年金の報酬比例部分の計算式により計算した額の4分の3相当額である。

- 中高齢寡婦加算は、受給権取得時に遺族基礎年金の支給対象となる子があるときは、妻が40歳に達した時に子と生計を同じくしており、その後、遺族基礎年金の受給権が消滅した時に65歳未満である場合に加算される。

第**8**節

障害給付

❶ 障害基礎年金

(1) 障害基礎年金の受給要件

国民年金から支給される障害基礎年金の支給要件は、次のとおりである。

① 国民年金の被保険者期間中に、障害の原因となった傷病の初診日があること。または被保険者の資格を失った後、60歳以上65歳未満で日本国内に住んでいる間に初診日があること。

② 初診日から**1年6カ月**たった日、あるいは**1年6カ月**たたない間に**治った日**（これらの日を**障害認定日**という）に、1級または2級の障害の状態にあること。

ただし、初診日前日に、一定の保険料納付要件を満たしていなければならない。

「初診日」とは、障害の原因となった病気やケガで初めて医師または歯科医師の診療を受けた日のことをいう。

傷病が「治った」とは、一般的に解釈される概念とは異なり、身体の器質的な欠損もしくは変形または後遺症があっても、医学的に傷病が治癒したと認められる場合をいう。たとえば足を切断した場合、足の欠損は回復しないが、切断面が治癒してそれ以上の回復が見込まれないような場合はこれに該当する。

(2) 20歳前に初診日がある場合

国民年金は20歳以上60歳未満の国内在住者が加入対象であり、障害基礎年金の受給要件の一つは加入中に初診日のあることである。しかし、なかには傷病の初診日が20歳前であって、1級や2級の障害状態になることもある。このように、初診日が20歳前である場合も障害基礎年金の支給対象になる。障害認定日が20歳に達する日前の場合は、20歳に達した日に受給権が発生し、障害認定日が20歳に達した日後の場合は、障害認定日に受給権が

発生する。

　ただし、20歳前に初診日がある傷病による障害基礎年金については、本人の前年の所得が政令で定められた金額を超えた場合、その年の10月から翌年の９月までの１年間、年金の支給は全額または２分の１が停止される。

(3) 保険料納付要件

　保険料納付要件が支給要件の一つとなっており、次のいずれかに該当すれば、保険料納付要件を満たす。

①　初診日の**前日において初診日のある月の前々月まで**に被保険者期間があるものについては、**保険料納付済期間と保険料免除期間の合計が、その被保険者期間のうち、３分の２以上あること**。つまり、保険料を滞納した期間が３分の１を超えないこと。

②　初診日が2026年（令和８年）４月１日前の場合、初診日に65歳未満であれば、初診日の前日において初診日のある月の前々月までの**１年間**が保険料納付済期間または保険料免除期間であること。つまり、**直近１年間に保険料の滞納がない**こと。

(4) 障害の状態

　障害の状態は、障害等級表で重いほうから１級、２級の程度が定められている。

　病気やケガによる障害状態は、時間の経過とともに変化する場合がある。障害認定日に障害等級表の１級または２級に該当する障害の状態にはなかったが、その後その障害が悪化して、障害の程度が１級または２級に該当する状態になった場合、65歳に達する日の前日までの間は、障害基礎年金を請求することができる。これを事後重症による請求といい、請求した日に障害基礎年金の受給権が発生し、翌月分から年金が支給される。

　また、障害認定日に障害等級の状態になかったが、新たに傷病（基準傷病）が生じ、基準傷病による障害（基準障害）とほかの障害を合併し、65歳に達する日の前日までに初めて障害等級１級または２級の障害の状態となったときは、基準障害による障害基礎年金を受給することができる。

　また、足に障害状態のある者が、腕にも障害状態が発生するなどの場合のように、同時に２つ以上の障害をもつことがある。このような場合、２つ以上の障害を合わせた障害の程度に応じて障害給付を行う。

(5) 障害基礎年金の額

　障害基礎年金の額は次のとおりである（2024年度（令和６年度）の額）。

障害基礎年金の額

1級障害の場合　81万6,000円×1.25＋子の加算額　→　102万円＋子の加算額
2級障害の場合　81万6,000円＋子の加算額

1級障害の場合は2級障害の1.25倍である。

障害基礎年金の受給権者に、受給権者によって生計を維持している子がいる場合は、**子の加算額**が加算される。なお、障害基礎年金を受ける権利が発生した時点だけでなく、権利が発生した後に出生し要件を満たす場合にも加算される。配偶者がいる場合、障害基礎年金には加算されず、障害厚生年金で加算される。

子の加算額は、1人目、2人目の子1人につき23万4,800円、3人目以降の子1人につき7万8,300円である（2024年度（令和6年度）の額）。

これら障害基礎年金の額（子の加算を含む）は、毎年度、遺族基礎年金の額と同様の改定が行われている。

障害基礎年金の額は、障害認定日当時の障害の状態が変わった場合にはその障害の程度に応じた等級に変更され、年金の額が改定される。この障害等級の変更による年金額の改定は、障害状態確認届によって行われるほか、障害基礎年金の受給権者の請求による改定も行われる。

障害基礎年金に子の加算額が加算されるための要件である生計維持の判断基準は、遺族基礎年金の場合と同様である。また、子の年齢要件も遺族基礎年金と同様である。

❷ 障害厚生年金

(1) 障害厚生年金の受給要件

障害厚生年金の受給要件は、次のとおりである。いずれの場合も**障害基礎年金と同じ一定の保険料納付要件**を満たしていなければならない。

a. **厚生年金保険の被保険者期間中に初診日があること**

b. **障害認定日**に、障害の状態が**1級、2級、3級**の障害の状態にあること

厚生年金保険の被保険者期間中に初診日のある傷病が**5年**以内に治り、3級よりやや軽い程度の障害が残ったときは、一時金として障害手当金が支給される。

なお、障害厚生年金にも、障害基礎年金と同様の事後重症制度および、後発の障害（基

141

準障害）との併合認定がある。

(2) 障害厚生年金の額

　障害厚生年金の額は、報酬比例の年金額に一定の率を掛けた額である。2級、3級の場合は以下の報酬比例の年金額が基準となり、1級の場合はこの額の1.25倍となる。また、1級、2級の障害厚生年金には、配偶者の加給年金額が加算される（3級は加算されない）。下記は本規定の額の計算式である。

報酬比例の年金額

年金額 ＝ A ＋ B

A　　平均標準報酬月額 $\times \dfrac{7.125^{(※)}}{1,000} \times$ 2003年（平成15年）3月以前の被保険者期間の月数

B　　平均標準報酬額 $\times \dfrac{5.481^{(※)}}{1,000} \times$ 2003年（平成15年）4月以後の被保険者期間の月数

（※）　老齢厚生年金の報酬比例部分の算式とは異なり、定率の数値である。

　計算に際しては、以下の点に留意が必要である。

①　被保険者期間の月数が、300月（25年）に満たない場合は300月として計算する。この場合、被保険者期間が2003年（平成15年）3月以前と4月以後にまたがる場合は、短期の遺族厚生年金に準じた計算方法により、300月分の年金額を計算する（本章第7節参照、ただし4分の3を乗じないで計算する）。

②　障害認定日の属する月の翌月以後の被保険者期間は年金額の計算の基礎としない。

③　3級の障害厚生年金の年金額には最低保障額（2級障害基礎年金の4分の3：61万2,000円）がある。

④　第1号〜第4号のうち2以上の厚生年金被保険者であった者の障害厚生年金の額は各号の厚生年金被保険者期間ごとに計算した額の合計額となる。

　なお、障害厚生年金の額は、事後重症によって悪化したり治癒して改善されたりして、障害認定日当時の障害の状態が変わった場合、その障害の状態に応じた等級に変えられ、年金の額は改定される。この障害状態の判断は障害基礎年金と同様に、毎年提出する障害状態確認届とそれに添付する診断書によって行われる。また、受給権者自らの請求によって改定を行うこともできる。

(3) 配偶者の加給年金額

　1級、2級の障害厚生年金の受給権者に、受給権者によって生計を維持している65歳未満の配偶者がいる場合、加給年金額が加算される。なお、障害厚生年金を受ける権利が発生した時点だけでなく、**権利が発生した後に婚姻等により要件を満たす場合にも加算される**（婚姻であれば、婚姻した日の属する月の翌月分から）。生計維持の判断基準や配偶者の範囲は老齢厚生年金と同様である。

　配偶者加給年金額は、23万4,800円である（2024年度（令和6年度）の額）。なお、老齢厚生年金のような配偶者加給年金額の特別加算額はない。

　加給年金額の対象となった配偶者が、次のいずれかに該当したときは、加給年金額の支給は打ち切られ年金額は減額される。

① 死亡したとき

② 受給権者による生計維持の状態がやんだとき

③ 離婚したとき

④ 65歳に達したとき（この場合、配偶者の生年月日が1966年（昭和41年）4月1日までであれば65歳から受ける老齢基礎年金に振替加算が行われる）

　なお、加給年金額の対象となる配偶者自身が被保険者期間20年以上の老齢厚生年金や、障害を支給事由とする公的年金給付等を受けられる場合、加給年金額は支給停止となる。

❸ 障害手当金

　障害手当金は、障害等級3級に至らない程度の障害が残った者に対して、一時金として支給されるものであり、その額は原則として**障害厚生年金の報酬比例の年金額の2倍相当額**である。

　ただし、最低保障額（3級障害厚生年金の最低保障額の2倍）が設けられており、2024年度（令和6年度）の最低保障額は122万4,000円である。

　また、障害手当金は、労災保険の障害補償給付などの他の公的補償を受けられる場合は、支給されない。

第2章

143

実務上のポイント

- 国民年金の被保険者でない20歳未満の期間に初診日のある傷病に係る障害については、20歳以後、障害等級に該当する程度の障害の状態にあるときは障害基礎年金が支給される。
- 1級の障害基礎年金は、老齢基礎年金の満額を1.25倍し、子の加算額を加えた額である。
- 1級の障害厚生年金は、老齢厚生年金の報酬比例部分の額を1.25倍し、配偶者加給年金額を加えた額である。

第9節 併給調整・年金生活者支援給付金制度

❶ 併給調整

　支給事由の異なる2つ以上の年金の受給権を同一の者が取得する場合、すべての年金が支給されるのではなく、本人の選択によって、1つの年金が支給され、他方の年金は支給停止となる。つまり、1人が1年金を受けることが原則となっている。

　公的年金制度の給付体系は、老齢基礎年金と老齢厚生年金、障害基礎年金と障害厚生年金のような2階建ての支給が基本である。したがって、同じ支給事由による「基礎年金と厚生年金」の組合せは、「1人1年金」という原則ではあるものの、2つを組み合わせた1つの年金という構成をとっている。このような同一の支給事由の場合は併給される。

　しかし、支給事由が異なる2つ以上の年金の受給権がある場合、65歳に達するまでは原則として本人が1つの年金を選択し、その他は支給停止される。65歳以上の場合は、支給事由が異なる場合でも併給される特例がいくつか設けられている。また、2つ以上の厚生年金保険の給付の間でも、老齢厚生年金と遺族厚生年金の間では、以下に述べるように、一定のルールのもとに併給が認められている。

(1) 支給事由が異なる年金給付を受けられる特例（65歳以上）

受給権者が65歳以上である者に限り、次の併給ができる。
- 老齢基礎年金と遺族厚生年金
- 障害基礎年金と老齢厚生年金
- 障害基礎年金と遺族厚生年金

(2) 老齢厚生年金と遺族厚生年金の併給ルール（65歳以上）

受給権者が65歳以上である場合は、老齢基礎年金に加えて、老齢厚生年金と遺族厚生年

〔図表2－28〕厚生年金と老齢厚生年金の併給調整（配偶者に係る遺族厚生年金を受ける場合の例）

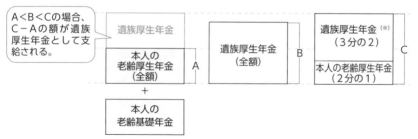

（※）図表のCの部分の「遺族厚生年金×3分の2」に経過的寡婦加算額が加算されるときは「遺族厚生年金（経過的寡婦加算額含む）×3分の2」となる。また、「本人の老齢厚生年金」に加給年金額が加算されているときは、加給年金額を除して計算し、支給額には加給年金額が加算される。

```
例  A：50万円  B：60万円  C：50万円×2分の1＋60万円×3分の2＝65万円
         B：60万円＜C：65万円
         ∴65万円（遺族厚生年金の基本年金額）
      実際に支給される遺族厚生年金  65万円－50万円＝15万円
```

金を併給することができる。ただし、一定のルールのもとで調整が行われる。

　まず、配偶者以外の者に係る遺族厚生年金と本人の老齢厚生年金を受けることができる場合は、本人の老齢厚生年金が優先して支給され、老齢厚生年金の額よりも遺族厚生年金の額のほうが高い場合には、その差額が遺族厚生年金として支給される。

　次に、配偶者に係る遺族厚生年金と本人の老齢厚生年金を受けることができる場合、たとえば夫の死亡により遺族厚生年金を受けられる者が、本人の老齢厚生年金も受けることができる場合は、次のように調整される。まず、A「本人の老齢厚生年金」が優先して支給される。ただし、Aの額がB「遺族厚生年金」またはC「遺族厚生年金の額の3分の2＋本人の老齢厚生年金の額の2分の1」の額より下回った場合は、Aの額に加えて、BとCのいずれか多いほうの額とAの額との差額が遺族厚生年金として支給される〔図表2－28〕。

（3）国民年金および厚生年金保険の受給権の消滅

　国民年金および厚生年金保険の受給権は、〔図表2－29〕の事由に該当すると、権利が消滅する。

〔図表2-29〕年金種類別に見た受給権消滅事由

年金の種類	受給権が消滅する事由
すべての年金に共通	死亡したとき
特別支給の老齢厚生年金	65歳に達したとき
障害基礎年金障害厚生年金	（1）障害等級表に定める3級の障害の状態でなくなったまま65歳に達したとき（65歳に達した日に3級の障害の状態でなくなってから3年が経過していないときは3年が経過したとき） （2）新たな障害基礎年金・障害厚生年金の受給権が発生したとき（前後の障害を合わせた新しい障害基礎年金・障害厚生年金の受給権が発生したとき）
遺族基礎年金遺族厚生年金	（1）婚姻したとき （2）養子となったとき（直系血族または直系姻族の養子となったときを除く） （3）離縁により死亡した者との親族関係がなくなったとき （4）配偶者が受給権者の場合、すべての子が次のいずれかに該当したとき（遺族基礎年金のみ受給権消滅） ①死亡したとき ②婚姻したとき（事実婚を含む） ③配偶者以外の者の養子となったとき（事実上の養子を含む） ④離縁によって、死亡した者の子でなくなったとき ⑤配偶者と生計を同じくしなくなったとき ⑥18歳到達年度の末日が終了したとき（1級または2級の障害の状態にあるときを除く） ⑦18歳到達年度の末日終了後、1級または2級の障害に該当しなくなったとき ⑧20歳に達したとき （5）受給権者が子または孫の場合は、次のいずれかに該当したとき ①18歳到達年度の末日が終了したとき（1級または2級の障害の状態にあるときを除く） ②18歳到達年度の末日終了後、1級または2級の障害に該当しなくなったとき ③20歳に達したとき
遺族厚生年金	（1）受給権者が、父母、孫または祖父母の場合は、被保険者等の死亡の当時、胎児だった子が生まれたとき （2）受給権者が30歳未満の妻の場合、夫の死亡による遺族基礎年金を受けないときは、遺族厚生年金の受給権を取得した日から起算して5年経過した日。また、30歳到達前に遺族基礎年金の受給権が消滅したときは、遺族基礎年金の受給権が消滅した日から起算して5年経過したとき
寡婦年金	（1）65歳に達したとき （2）婚姻したとき （3）養子となったとき（直系血族または直系姻族の養子となったときを除く）

2 年金生活者支援給付金制度

　年金生活者支援給付金は、公的年金等の収入や所得額の合計額が一定額以下の年金生活者の生活を支援することを目的に金額国庫負担で支給されるもので、**老齢基礎年金の受給**

者に対して支給される「老齢年金生活者支援給付金」と「補足的老齢年金生活者支援給付金」、障害基礎年金の受給者に対して支給される「障害年金生活者支援給付金」、遺族基礎年金の受給者に対して支給される「遺族年金生活者支援給付金」の4種類が定められている。なお、支払期月は、国民年金の支払期月と同様である。

(1) 老齢年金生活者支援給付金

①支給要件（次の3つの要件を満たす老齢基礎年金受給権者）
・65歳以上
・同一世帯の全員が市町村民税非課税
・前年中の公的年金等の収入金額とその他の所得の合計額が、一定の基準（所定基準額）以下

②給付額
老齢年金生活者支援給付金は、月を単位として支給され、その月額は、次のaとbを合算した額である。

a　保険料納付済期間に基づく額＝5,000円(2024年度は5,310円)[※1]$\times \dfrac{\text{保険料納付済期間の月数}}{480\text{月}}$

b　保険料免除期間に基づく額

$=\left(\text{老齢基礎年金満額相当額の月額}\times \dfrac{1}{6}\right)^{※2}\times \dfrac{\text{保険料免除期間の月数}}{480\text{月}}$

※1　「給付基準額」といい、毎年度、物価変動に応じて改定される。
　　　2024年度（令和6年度）価額は**5,310円**

※2　保険料4分の1免除期間は、老齢基礎年金相当額（月額）の$\dfrac{1}{12}$となる。

(2) 補足的老齢年金生活者支援給付金

補足的老齢年金生活者支援給付金は、所得基準額の要件を満たさないため、老齢年金生活者支援給付金の支給を受けることができない者について、老齢年金生活者支援給付金を受給する者と所得総額が逆転しないよう、補足的な給付を行うものである。

老齢年金受給権者が、その者の前年所得額が所得基準額を上回り、かつ、一定の範囲の人に対して、他に定める所定の要件に該当するときは、当該老齢基礎年金受給権者に対し、補足的老齢年金生活者支援給付金が支給される。

支給は月を単位とし、その月額は、その者の前年所得額に応じて決められる。

(3) 障害年金生活者支援給付金

①支給要件

　障害基礎年金受給権者であって、前年の所得が一定額以下である者に対し、障害年金生活者支援給付金が支給される。

②支給額

　月を単位として支給され、その月額は、給付基準額（2024年度（令和6年度）価額：5,310円）とし、障害等級1級に該当する場合、給付基準額の100分の125に相当する額となる。

(4) 遺族年金生活者支援給付金

①支給要件

　遺族基礎年金受給権者であって、前年の所得が一定額以下である者に対し、遺族年金生活者支援給付金が支給される。

②支給額

　月を単位として支給され、その月額は、給付基準額（2024年度（令和6年度）価額：5,310円）とする。

実務上のポイント

- 障害基礎年金と老齢厚生年金は、その受給権者が65歳以上の場合は併給される。
- 老齢基礎年金と遺族厚生年金は、その受給権者が65歳以上の場合は併給される。
- 65歳以上の者が、本人の老齢厚生年金と配偶者に係る遺族厚生年金の受給資格を有することとなった場合、まず本人の老齢厚生年金が優先して支給される。

第 **10** 節

離婚時年金分割

(1)「合意分割」と「3号分割」

　合意分割とは、合意に基づいて厚生年金の報酬比例部分（保険料納付記録）を分割するものである。分割にあたっては、按分割合などを当事者間の合意または裁判による決定等によって決める〔図表2−30〕。

　これに対し、3号分割とは、国民年金の第3号被保険者期間について、第3号被保険者であった者からの請求に基づいて、その配偶者であった者の厚生年金の報酬比例部分が自動的に2分の1に分割されるものである。ただし、合意分割では婚姻期間の全期間が分割対象となるのに対し、3号分割で分割対象となるのは、2008年（平成20年）4月以降の期間に限られる〔図表2−31〕。

　いずれの分割制度も、請求期限は、原則として離婚日等の翌日から起算して2年以内である。

　なお、婚姻期間中に、第1号〜第4号厚生年金被保険者のうち2つ以上の被保険者期間

〔図表2−30〕合意分割

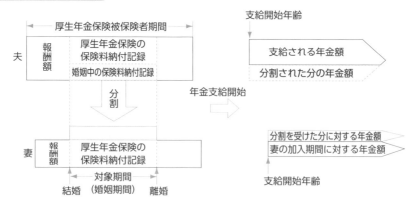

〔図表2−31〕 3号分割

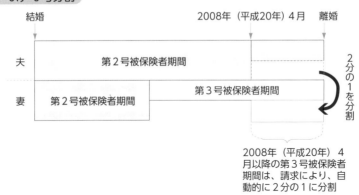

がある場合は、すべての厚生年金被保険者期間が分割対象となる。

(2) 保険料納付記録の分割・標準報酬総額

離婚時年金分割では、離婚当事者の婚姻期間中の厚生年金記録が分割される。

厚生年金記録とは、厚生年金保険料の算定基礎となる標準報酬月額や標準賞与額（この2つを合わせて「標準報酬」という）のことで、共済組合等の組合員であった期間も含まれる。

なお、「合意分割」においては、年金の按分割合を決定する必要がある。これは、標準報酬総額を基に決める。標準報酬総額とは、被保険者期間の標準報酬を現在価値に再評価した額の合計額をいう。

また、年金分割は、対象期間の標準報酬総額の多い者（第1号改定者）から少ない者（第2号改定者）に対して行われる〔図表2−32〕。

注1 第1号改定者：被保険者または被保険者であった者で、標準報酬総額が多い側であって、離婚する当事者のうち、年金分割をされる者。

注2 第2号改定者：第1号改定者の配偶者であった者で、標準報酬総額が少ない側であって、離婚する当事者のうち、年金分割を受ける者。

(3) 按分割合

標準報酬総額を分割する割合を按分割合という。按分割合は、分割の対象となる期間の夫婦の標準報酬総額の合計に対する、第2号改定者の分割後の持分割合をいう。対象とな

〔図表2－32〕年金分割

	合意分割制度	3号分割制度
分割対象期間	婚姻期間中（婚姻期間の全期間が対象）	婚姻期間のうち、2008年（平成20年）4月1日以後の第3号被保険者期間のみを対象
分割方法	婚姻期間中の厚生年金の標準報酬が多い者から少ない者に対して標準報酬を分割	第3号被保険者期間中に厚生年金の被保険者であった者から第3号被保険者であった者に対して標準報酬を分割
按分割合	当事者の合意が必要 合意が得られないときは裁判手続等により決定 按分割合の上限は50％	合意は必要ない 按分割合は50％（固定）
手続の方法	当事者の一方による請求	第3号被保険者であった者による請求
請求期限	原則として離婚等をした日の翌日から2年	
分割を受けた期間	離婚時みなし被保険者期間^(※)	被扶養配偶者みなし被保険者期間^(※)

（※）「受給資格期間」、「加給年金額の被保険者期間の要件」、「特別支給の老齢厚生年金の支給要件（1年以上）」等には算入されない。

る期間の標準報酬総額のうち分割を受けることによって増額される側（第2号改定者）の分割後の持分となる割合が按分割合ということになる。

「合意分割」の場合は、按分割合の上限は50％、下限は「第2号改定者の分割前の総報酬総額÷分割前の双方の標準報酬総額の合計額」の間で、合意等により決定される。一方「3号分割」の場合は、50％に固定される。

実務上のポイント

- 離婚時の3号分割制度では、婚姻期間のうち、2008年（平成20年）4月1日以後の第3号被保険者期間のみが対象となる。
- 離婚時の合意分割制度では、按分割合の上限は50％である。
- 離婚時の年金分割における、みなし被保険者期間（分割を受けた期間）は、「受給資格期間」、「加給年金額の被保険者期間の要件」、「特別支給の老齢厚生年金の支給要件（1年以上）」等に算入されない。

第 **11** 節

請求手続

❶ 年金請求

　年金を受ける権利は、受給要件が整ったときに法律上発生するが、自動的に年金の支払いは行われない。そこで、年金の受給要件を満たした者は、厚生労働大臣に、年金請求（裁定請求）を行うことにより、受給権の有無についての確認を受け、年金の支払を受けることができる。

　年金請求をし忘れ、遅れて請求した場合、請求時から**5年前までは遡って受給することができる**。5年を超える過去の年金の支給を受ける権利は原則として時効により消滅するが、新たな年金記録が見つかった（年金記録の訂正）場合は、年金時効特例法により、5年を超える過去の分も受給することができる。なお、この間の物価上昇相当分についても遅延加算法により加算金として支給される。

　また、年金の受給権者が年金請求をしないまま死亡したときや、年金受給中に死亡したためまだ受け取っていない年金が残っているときは、受給権者と生計を同じくしていた一定範囲の遺族は、受給権者が受けるべきであった年金の支給を請求することができる。

　年金請求があると、厚生労働大臣は請求者の受給要件が満たされているかどうかを確認する。受給要件を満たしているときは、年金の受給権があることを証する年金証書と年金決定通知書を請求者に送付する〔図表2−33〕。

(1) 厚生年金保険の加入者の年金請求

　年金請求では、年金事務所に備えてある年金請求書または老齢給付の支給開始年齢となる**約3カ月前に送付される**事前送付用の年金請求書に必要な事項を記入し、さらに年金請求書に記載されている必要な書類を添えて、年金事務所または「街角の年金相談センター」へ提出する。なお、請求手続は、支給開始年齢に達する前に行うことはできない。

〔図表2−33〕年金請求の主な手順（老齢給付）

① 請求前の準備	・職歴の確認 ・保険料の追納
② 年金請求書（国民年金・厚生年金保険老齢給付）の提出 (※)	・金融機関で証明欄に確認印（通帳・キャッシュカードのコピーで省略可能）
③ 年金請求書（国民年金・厚生年金保険老齢給付）の審査	・受給要件の審査 ・年金額の計算など
④ 1〜2カ月後	・年金証書、年金決定通知書の送付
⑤ 2〜3カ月後	・年金の支払 ・振込通知書（支払通知書）の送付

（※）必要な添付書類はそれぞれ異なるので、年金事務所等で確認する

　年金請求書（国民年金・厚生年金保険老齢給付）の提出先となる年金事務所は、下記のように最後の被保険者の状態で異なる。

　会社を退職してすぐに年金請求をするなど、最後に厚生年金保険の被保険者であったときは、会社を管轄する年金事務所へ提出する。既に会社を退職していて、その会社から遠方に住んでいるようなときは、最寄りの年金事務所でも受け付ける。なお、在職老齢年金を請求する場合のように、年金請求をするときに厚生年金保険の被保険者である場合は、勤務している会社を管轄する年金事務所へ提出する。

　最後の被保険者期間が国民年金の第1号あるいは第3号被保険者である場合、たとえば、60歳前に退職して60歳まで国民年金の第1号被保険者として加入するようなときは、住所地を管轄する年金事務所へ提出する。

　海外在住の者が年金請求する場合は、日本国内の最終住所地を管轄する年金事務所となっている。

　ただし、いずれの場合でも、最寄りの年金事務所でも年金請求書の受付をしている。

(2) 国民年金の加入者の年金請求

　国民年金の第1号被保険者のみの加入歴の者の場合、年金請求先は原則として市区町村役場となる（年金事務所でも受け付けている）。その際、年金請求書に必要事項を記入し、必要書類を添える点は厚生年金保険の加入者の場合と同様である。

(3) 特別支給の老齢厚生年金の受給権者が65歳に到達したとき

　特別支給の老齢厚生年金を受け取るには、前記のような年金請求が必要である。この特別支給の老齢厚生年金を受給している者が65歳になると、老齢基礎年金と老齢厚生年金を

受け取ることになるが、この請求の際にも年金請求の手続が必要である。

　この手続はハガキ形式の年金請求書で行われ、65歳到達月の初めごろ（1日生まれの場合は65歳の誕生日の属する月の前月の初めごろ）に送付される。このハガキ形式の年金請求書に必要事項を記載し、65歳到達月の末日（1日生まれの者は65歳の誕生日の属する月の前月の末日）までに日本年金機構に提出する。提出しない場合、年金の支給は一時保留される。

　なお、特別支給の老齢厚生年金に代わり、老齢基礎年金、老齢厚生年金の支給が決定されると「年金決定通知書・支給額変更通知書」によりその内容が通知される。年金証書については、新たなものは発行されず、従前の年金証書がそのまま引き継がれる。

(4) 老齢基礎年金の繰上げ・繰下げ支給の請求

　老齢基礎年金の繰上げ支給を希望する者は、年金請求書（国民年金・厚生年金保険老齢給付）に「国民年金・老齢基礎年金支給繰上げ請求書」を添えて提出する。この場合、受給権は請求書が受理された日に発生し、受給権発生後に当該請求を取り消したり、変更したりすることはできない。

　特別支給の老齢厚生年金の受給権者であった者が老齢基礎年金および老齢厚生年金を繰り下げて受給しようとするときは、「老齢基礎年金・厚生年金保険・老齢厚生年金支給繰下げ請求書」を添えて提出する。特別支給の老齢厚生年金の受給権がなく、66歳に達するまで老齢給付の年金請求を行わなかった者が繰り下げて受給しようとするときは、老齢給付の請求書に「老齢基礎年金・老齢厚生年金支給繰下げ申出書」を添付して提出する。

　その他、必要書類を確認してから請求や申出を行う。

❷ 年金の受給期間と支払

　年金の受給権が発生する日は、基本的には受給要件を満たした日である。年金の受給期間は、原則として受給権の発生日〔図表2-34〕の翌月から、受給権が消滅した日の月までである。なお、年金の受給権が発生している場合でも、特定の理由があるために年金を支給しないことがあり、これを支給停止という。支給停止する理由があるときは、その理由の生じた日の翌月から理由がなくなる日の月まで年金が支給停止される。その理由がなくなれば支給は再び行われる。

〔図表 2 −34〕 受給権の発生日

年金の種類	受給権の発生する日
老齢基礎年金 老齢厚生年金 付 加 年 金	65歳に達した日（65歳以後に受給資格期間を満たしたときはその日） 繰上げ支給の請求をした場合は、請求書が受理された日
特 別 支 給 の 老齢厚生年金	支給開始年齢に達した日（それ以後に受給資格期間を満たしたときはその日）
障害基礎年金 障害厚生年金	障害認定日（事後重症・基準障害では請求した日、初診日および障害認定日が20歳前の障害基礎年金では20歳に達した日）
障 害 手 当 金	初診日から5年以内に治った日
遺族基礎年金 遺族厚生年金	死亡の日（失踪宣告の場合を含む。以下同じ）
寡 婦 年 金	死亡の日
死 亡 一 時 金	死亡の日

（※） 「○○歳に達した日」とは、「年齢計算ニ関スル法律」により、○○歳の誕生日の前日をいう。

(1) 年金の支払日

　年金の支払は、原則として毎年2月、4月、6月、8月、10月、12月の偶数月に行われる。1回当たりの金額は、年金額を6回に分けた額で、それぞれ前月までの2カ月分を受けることになっている。

　支払日は15日が原則であるが、15日が土曜日、日曜日または祝日であるときは、その前の営業日である。1回当たりの支払額は、年金決定通知書等に記載されている支払年金額の6分の1である。

　なお、初めて年金証書を受けたときや年金の再計算等によって年金の額が増額したときなどは、支払月でないときでも年金が支払われることがある。

(2) 支払機関

　年金の支払は、銀行、信用金庫、信用組合、労働金庫、農業協同組合などの金融機関かゆうちょ銀行を通して行われる。どの金融機関等から年金の支払を受けるかは、年金請求の際に、受給権者が希望する機関を指定することになっている。一度指定した支払機関の変更を希望する場合は、「年金受給権者・受取機関変更届」を年金事務所に提出しなければならない。

❸ 不服の申立て

　年金請求をしたが不支給の決定がある等、厚生労働大臣が行った処分に不服がある場合がある。このようなときは、社会保険審査官、社会保険審査会などに不服の申立てができる。

　社会保険審査官に不服の申立てができるのは、処分を知った日の翌日から3月以内である。さらに、社会保険審査会に不服申立てができるのは、社会保険審査官の決定書の謄本が送付された日の翌日から起算して2月以内である。

　不服の申立ては、口頭または文書で不服の理由などの申立てを行い、費用はかからない。

❹ 年金額の端数処理の仕方

(1) 年金額を計算するとき

新規裁定と額の改定

　受給権を裁定する場合と年金額を改定する場合の年金額の計算は、50銭未満の端数は切り捨て、50銭以上1円未満の端数は切り上げて計算する。なお、以下の年金額については100円単位で四捨五入する。

a. 国民年金
- ・老齢基礎年金の満額の年金額
- ・遺族基礎年金の年金額
- ・障害基礎年金（2級）の年金額
- ・遺族基礎年金および障害基礎年金の子の加算

b. 厚生年金保険
- ・加給年金額
- ・中高齢寡婦加算額
- ・障害厚生年金3級の最低保障額
- ・障害手当金の最低保障額

(2) 各支払期月または支払期月以外の月における年金の支払額を計算するとき

　年金は偶数月に前月までの2カ月分が各受給権者の口座に振り込まれるのが原則である。その際の国民年金や厚生年金保険の年金額に1円未満の端数が生じたときは、その端数を切り捨てる。ただし、毎年3月から翌年2月までの間において切り捨てられた金額の合計額（1円未満の端数が生じたときは、これを切り捨てた額）については、これを2月の支払期月の年金額に加算することになっている。

❺ 年金記録等の確認

(1) ねんきん定期便

　ねんきん定期便とは、日本年金機構が、公的年金の保険料納付実績や将来受給できる年金額の見込みなど年金に関わる情報を、毎年1回誕生月に公的年金の被保険者に郵便で発送する通知書である。

　ねんきん定期便は、原則としてハガキで送付され、「これまでの年金加入期間」「これまでの保険料納付額」が記載される。また、50歳未満の人には「これまでの加入実績に応じた年金額」、50歳以上の人には「老齢年金の見込額」が記載される。ただし、35歳、45歳、59歳の節目年齢の被保険者には、下記①～⑥が封書により送付される。

① 　加入期間
② 　加入実績に応じた年金額（35歳・45歳）、年金見込額（59歳）
③ 　これまでの保険料納付額の累計
④ 　加入履歴
⑤ 　これまでの厚生年金保険の標準報酬月額等と保険料納付額
⑥ 　これまでの国民年金保険の保険料納付状況

(2)「ねんきんネット」サービス

　「ねんきんネット」とは、インターネットで、加入者と年金受給者が24時間いつでも新しい年金記録を自身で確認することができるサービスである。

　本サービスでは、自身に関する最新の年金記録（加入記録・未納期間など）が確認できるほか、追納等可能月数と納付金額の確認や、将来の年金額の試算が可能である。

Q: 例　題

《設例》

Ｘ社に勤務するＡさん（2024年（令和6年）5月で満59歳）は60歳で定年を迎え、再雇用制度により65歳になるまで同社に勤務するつもりである。Ａさんに関する資料は以下のとおりである。

〈Ａさんの家族構成と社会保険の加入歴等〉

Ａさん（本人）

- 1965年（昭和40年）5月7日生まれ
- 厚生年金保険の加入歴
  　1988年（昭和63年）4月1日から引き続き被保険者である。
- 国民年金の加入歴
  　1985年（昭和60年）5月から1988年（昭和63年）3月までの大学生であった期間は任意加入していない。

Ｂさん（妻）

- 1966年（昭和41年）12月20日生まれ
- 厚生年金保険の加入歴
  　1985年（昭和60年）4月～1991年（平成3年）9月（78月）
- 国民年金の加入歴
  　1991年（平成3年）10月から引き続き第3号被保険者である。
- 現在および将来もＡさんと生計維持関係にあるものとする。

《問》　Ａさんが60歳の定年退職後もＸ社に勤務し、65歳で退職し再就職しない場合、Ａさんが退職後に受給できる公的年金制度からの老齢給付の金額について、次の①、②を求めなさい。計算過程を示し答は円単位とすること。年金額の端数処理は、円未満を四捨五入すること。なお、計算にあたっては、以下の〈条件〉と〈資料〉の計算式を利用すること。年金額は2024年度（令和6年度）価額、老齢厚生年金の年金額は本来水準による価額に基づいて計算するものとする。

①老齢基礎年金の年金額はいくらか。

②老齢厚生年金の年金額はいくらか。

〈条件〉

（1）厚生年金保険の被保険者期間

・1988年（昭和63年）4月～2003年（平成15年）3月（180月）

・2003年（平成15年）4月～2030年（令和12年）4月（65歳到達時点、325月）

（2）平均標準報酬月額および平均標準報酬額（65歳到達時点見込み）（2024年度（令和 6 年度）再評価額）

・1988年（昭和63年） 4 月〜2003年（平成15年） 3 月 平均標準報酬月額：400,000円

・2003年（平成15年） 4 月〜2030年（令和12年） 4 月 平均標準報酬額：520,000円

〈資料〉

・老齢厚生年金の計算式（本来水準による2024年度（令和 6 年度）価額）

「老齢厚生年金の年金額＝（報酬比例部分の額＋経過的加算額）＋加給年金額（※）」

・報酬比例部分の給付乗率

総報酬制導入前		総報酬制導入後	
新乗率	旧乗率	新乗率	旧乗率
1,000分の7.125	1,000分の7.5	1,000分の5.481	1,000分の5.769

・経過的加算額＝1,701円×被保険者期間の月数

$$-816,000円×\frac{昭和36年 4 月以後で20歳以上60歳未満の厚生年金保険の被保険者期間の月数}{480}$$

（※）配偶者の加給年金額408,100円（2024年度（令和 6 年度）価額）は、要件を満たしている場合のみ加算すること。

解答のポイント

　65歳から受給できる老齢基礎年金と老齢厚生年金の額を求める計算問題は最も頻繁に出題されている。老齢厚生年金は問題に新・旧の乗率が与えられるが、本来水準による価額を求めるときは新乗率を使用する。なお、計算式は覚えておかなければならない。経過的加算額の計算式は与えられるが、注意点として、経過的加算額の計算式の前半の「被保険者期間の月数」は上限が480月であること、後半の「被保険者期間の月数」は20歳以上60歳未満の厚生年金保険の期間であることが挙げられる。

　この問題の場合、老齢基礎年金の満額（2024年度（令和 6 年度）は816,000円）の金額は覚えておきたい。

①老齢基礎年金

　〈条件〉に示されたＡさんの厚生年金保険の被保険者期間は505月（180月＋325月）であるが、この中には60歳から65歳になるまでの５年間（60月）の合算対象期間が含まれているので、20歳から60歳までの被保険者期間は445月（505月－60月）である。

$$816,000円 \times \frac{445月}{480月} = 756,500円$$

注意点！

　老齢基礎年金の計算式の分子に入る月数は、厚生年金保険の加入期間のみであれば20歳から60歳になるまでの被保険者期間の月数である。

②老齢厚生年金

〈報酬比例部分の額〉

$$400,000円 \times \frac{7.125}{1,000} \times 180月 + 520,000円 \times \frac{5.481}{1,000} \times 325月$$

$$= 513,000円 + 926,289円$$

$$= 1,439,289円$$

〈経過的加算額〉

$$1,701円 \times 480月 - 816,000円 \times \frac{445月}{480月}$$

$$= 59,980円$$

〈基本年金額〉

$$1,439,289円 + 59,980円 = 1,499,269円$$

〈老齢厚生年金の額（基本年金額＋配偶者の加給年金額）〉

　Ａさんは厚生年金保険の被保険者期間が20年以上あり、妻ＢさんはＡさんより年下で、生計維持関係にあることから加給年金額の対象になる。したがって、妻Ｂさんが65歳になるまで加給年金額が加算される。

$$1,499,269円 + 408,100円 = 1,907,369円$$

第2章

Q: 例 題

《設例》

　個人事業主であるＡさん（2024年（令和 6 年） 9 月時点で55歳）は、Ａさん自身が死亡した場合に遺族が受給できる公的年金制度からの遺族給付について知りたいと思っている。Ａさんに関する資料は以下のとおりである。

〈Ａさんの家族構成と公的年金の加入歴等〉

Ａさん（本人）

- 1969年（昭和44年） 5 月20日生まれ
- 厚生年金保険の加入歴

　　1992年（平成 4 年） 4 月～2010年（平成22年） 9 月（222月）

・国民年金の加入歴

　　2010年（平成22年）10月から引き続き第 1 号被保険者として保険料を納付しており、60歳まで納付する予定である。大学生であった期間のうち1989年（平成元年） 5 月から1992年（平成 4 年） 3 月までの期間は未加入・未納期間である。

Ｂさん（妻）

- 1969年（昭和44年） 10月 8 日生まれ
- 厚生年金保険の加入歴

　　1988年（昭和63年） 4 月～1995年（平成 7 年） 9 月（90月）

・国民年金の加入歴

　　1995年（平成 7 年） 10月から2010年（平成22年） 9 月まで第 3 号被保険者（180月）。2010年（平成22年）10月から引き続き第 1 号被保険者として保険料を納付しており、60歳まで納付する予定である。

- 現在および将来もＡさんと同居し、生計維持関係にあるものとする。

《問》Ａさんが2024年（令和 6 年） 9 月30日に死亡し、妻Ｂさんが65歳以後も遺族厚生年金を受給できる場合、妻Ｂさんが65歳以後に受給できる遺族厚生年金について、次の①、②を求めなさい。計算過程を示し答は円単位とすること。年金額の端数処理は、円未満を四捨五入すること。

　なお、計算にあたっては、以下の〈条件〉と〈資料〉の計算式を利用し、年金額は2024年度（令和 6 年度）価額（本来水準による価額）に基づいて計算するものとする。また、資料中の「〇〇〇」「□□□」「 a ～ f 」は、問題の性質上、伏せてある。

①遺族厚生年金の基本年金額（支給停止分が控除される前の額）はいくらか。

②遺族厚生年金として実際に支給される額（支給停止分が控除された後の額）は

第2章

　いくらか。
〈条件〉
（1）Aさんに関する条件
・総報酬制導入前の厚生年金保険の被保険者期間：132月
・総報酬制導入前の平均標準報酬月額：312,000円
・総報酬制導入後の厚生年金保険の被保険者期間：90月
・総報酬制導入後の平均標準報酬額：415,000円
（2）妻Bさんに関する条件（65歳到達時点、2024年度（令和6年度）価額による年金見込額）
・老齢厚生年金
　基本年金額（報酬比例部分の額＋経過的加算額）：152,100円
・老齢基礎年金の額：816,000円
〈資料〉
・遺族厚生年金の計算式（2024年度（令和6年度）価額）
　遺族厚生年金の額は、下記（Ⅰ）の額または下記（Ⅱ）の額のうちいずれか○○○額と、妻に支給される老齢厚生年金との差額
（Ⅰ）の額

$$= \left(平均標準報酬月額 \times \frac{7.125}{1,000} \times 2003年（平成15年）3月までの被保険者期間の月数 + 平均標準報酬額 \times \frac{5.481}{1,000} \times 2003年（平成15年）4月以後の被保険者期間の月数\right) \times \frac{a}{b}$$

$$（Ⅱ）の額 ＝ 上記（Ⅰ）の額 \times \frac{c}{d} + \square\square\square 円 \times \frac{e}{f}$$

A:

─── 解答のポイント ───

　本問は、遺族厚生年金の金額の計算とともに、遺族厚生年金の受給者である妻が自分自身の老齢厚生年金を受給できるようになった場合の併給調整について問われている。65歳以降は遺族厚生年金と老齢厚生年金は併給されるが、まず老齢厚生年金が優先して支給され、以下のⓐ、ⓑのいずれか「大きい」（ここは本問では伏せられている）額と老齢厚生年金の差が遺族厚生年金として支給されることの理解が必要である（ⓑの分数の部分が

問題では伏せられている）。

ⓐ （本来の）遺族厚生年金の額

ⓑ （本来の）遺族厚生年金の額 $\times \dfrac{2}{3} +$ 老齢厚生年金 $\times \dfrac{1}{2}$

　また、遺族厚生年金の計算方法の基礎知識として、「老齢厚生年金の計算方法により計算した額の4分の3であること（ここも本問では伏せられている）」、「短期要件の場合は、被保険者期間が300月に満たない場合、300月分にかさ上げして支給されること」を押さえておく必要がある。本問は長期要件に該当するので300月分へのかさ上げは行われないが、その計算方法もマスターしておこう。

①遺族厚生年金の基本年金額

$$\left(312{,}000円 \times \dfrac{7.125}{1{,}000} \times 132月 + 415{,}000円 \times \dfrac{5.481}{1{,}000} \times 90月 \right) \times \dfrac{3}{4}$$

$$= （293{,}436円 + 204{,}715.35円） \times \dfrac{3}{4}$$

$$= 373{,}613.51\cdots\cdots円 \quad \rightarrow \quad 373{,}614円（円未満四捨五入）$$

〈資料〉の（Ⅱ）の額

$$373{,}614円 \times \dfrac{2}{3} + 152{,}100円 \times \dfrac{1}{2} = 325{,}126円$$

　　373,614円 ＞ 325,126円　∴373,614円

注意点！

　短期要件の場合（厚生年金保険の被保険者が死亡した場合など）は、被保険者期間が300月未満であれば、「300／被保険者期間の総月数」を乗じるが、本問のAさんの場合は長期要件に該当する（受給資格期間が25年以上ある者の死亡）ので、300月分にかさ上げする調整は行わない。

②遺族厚生年金として実際に支給される額

　①の額と老齢厚生年金の差が遺族厚生年金として支給される。

　373,614円－152,100円＝221,514円

　　　　　　　　　　　正解　①　373,614円　　②　221,514円

第 3 章

企業年金・個人年金

企業年金

　公的年金に対して、企業が運営する年金や個人が自ら準備する年金を私的年金という。私的年金の意義は、公的年金を補いながら、老後の生活保障のために、定期的に年金の支給を受けることにある。私的年金には、企業が主体の企業年金と、個人の自助努力による個人年金がある。また、年金制度ではないが、共済制度も一定の要件のもとに分割で給付を受けることができるため、企業年金と同様の役割を担っている〔図表3－1〕。

　公的年金のうち老齢年金は、原則として65歳以降終身にわたり支給され、本人の死亡後には一定の条件のもと配偶者などの遺族に遺族年金が支給される。この公的年金には、国民の世代間扶養の仕組みが取り入れられている。企業年金では、世代間の扶養関係は、基本的にはない。

　公的年金は、国民は20歳になると強制的に加入することになっている。これに対して、企業年金は企業が主体となり、労使合意により作成した規定や規約に従い、適用従業員は原則として自動加入となる。個人年金は、個人の任意加入である。

〔図表3－1〕 私的年金の体系

❶ 企業年金の全体像

　従来、わが国の企業年金制度は、確定給付型の事前積立方式が主流であった。確定給付型とは、あらかじめ給付が定められ、その給付を賄うのに必要な掛金を積み立てていく形態である。企業年金の2大柱であった厚生年金基金と適格退職年金は、いずれもこのタイプである。

　企業は、1960年代から退職一時金の一部を移行して、積極的に確定給付型の企業年金の導入を図った。

　しかし、運用環境がバブル崩壊後に様変わりし、その悪化が続くなか、確定給付型の年金制度の運営が行き詰まるようになってきた。代わって、掛金を事前に定め、その掛金の運用実績により給付額が決まる確定拠出型の年金への期待が高まり、確定拠出年金制度が2001年（平成13年）に創設された。

　一方、確定給付型の企業年金については、確定給付企業年金（規約型、基金型）制度が2002年（平成14年）4月に創設された。これに伴い、適格退職年金制度は2012年（平成24年）3月31日をもって廃止となった。また、厚生年金基金は、確定給付企業年金法の施行に伴い、代行返上が可能になったため、確定給付企業年金への移行が進んだ。さらに、2014年（平成26年）4月1日以降は新設が認められなくなり、5年間の時限措置として、代行部分の国への納付期間の延長などの特例が設けられ、基金の解散が促されることになった。存続する基金も、代行資産保全の観点から設定した基準に満たない厚生年金基金に対して、厚生労働大臣が第三者委員会の意見を聴いて、解散命令を発動できるようになった。

❷ 確定給付企業年金

　確定給付企業年金制度の目的は、事業主が従業員と給付の内容を約束し、高齢期において従業員がその内容に基づいた給付を受けることができるようにすることにある。労使の自主的な努力を支援し、受給権の保護が強化されていることが特徴である。

　確定給付企業年金は、厚生年金保険の適用事業所の事業主が単独または共同で、確定給付企業年金法の規定に基づいて実施する年金制度である。

① 設立形態

確定給付企業年金は、基金型企業年金と規約型企業年金の2つの制度からなる。

基金型企業年金は、「企業年金基金」を設立したうえで、その基金が年金資産を管理、運用し、年金給付を行う制度である〔図表3-2〕。基金は労使双方の代表からなる代議員会で運営する。

規約型企業年金は、規約に基づき、外部の受託機関と契約して年金資産を管理、運用する制度である〔図表3-3〕。

② 対象者、加入者資格

加入対象者は、第1号厚生年金被保険者（民間会社の従業員）と第4号厚生年金被保険者（私立学校教職員共済制度の加入者）である。

規約において、「正社員のみ」など一部の者だけを加入対象とする一定の資格を定めることは可能である。ただし、その場合は「同一労働同一賃金ガイドライン」の考え方を踏まえなければならない。つまり、職務内容や、職務内容および配置の変更範囲などに照らして、不合理な待遇差を設けることは認められず、加入資格を設ける場合であっても、特定の者について差別的なものであってはならない。また、規約の記載内容については、規約型企業年金の場合は厚生労働大臣の承認が必要であり、基金型企業年金の場合は、基金の設立に関する認可に際し同様の基準で審査される。

③ 掛金

掛金については、事業主が年1回以上、定期的に拠出しなければならない。掛金は事業

〔図表3-2〕基金型企業年金の仕組み

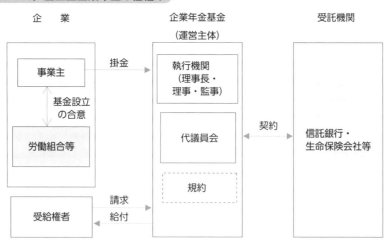

〔図表3-3〕規約型企業年金の仕組み

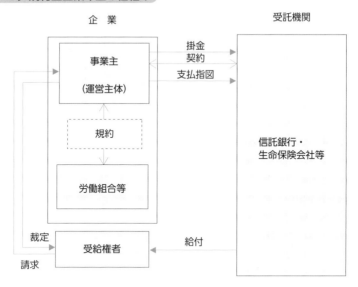

主負担を原則とし、**本人拠出については、規約で定める場合に、加入者本人の同意を前提**
として可能であるが、掛金総額の2分の1を超えることはできない。なお、加入者本人が
拠出した掛金は生命保険料控除の対象となる。

④ 給付の種類

老齢給付金と脱退一時金は必須の給付であるが、障害給付金と遺族給付金は任意である。

老齢給付金は、60歳以上70歳以下の規約に定める年齢に達したとき、または50歳以上前
述の支給開始年齢未満の規約に定める年齢で退職したときに、終身または5年以上の有期
年金として毎年1回以上定期的に支給される。

また、一定の加入者期間があることを老齢給付金の受給資格とする場合は、要件となる
加入者期間を20年以下としなければならない。

⑤ 受給権の保護

確定給付企業年金法では、受給権の保護を強化するために、積立義務（年金資産の積立
てや毎年度の財政検証と追加拠出等）、受託者責任（忠実義務等）、情報開示が明確に規定
されている。

⑥ 制度間の移行

規約型企業年金、基金型企業年金の間で制度を移行し、年金資産を移換することができ
る。規約型企業年金、基金型企業年金の年金資産を個人ごとに分配して、確定拠出年金の

企業型年金へ移換することもできる。

　厚生年金基金から確定給付企業年金に移行する場合、規約型企業年金、基金型企業年金いずれにも移行が可能である。なお、厚生年金基金が、解散後、事業所単位で既存の確定給付企業年金などに移行することや、移行後の積立不足を掛金で埋める期間を延長することもできる。代行返上および解散によって確定給付企業年金に移行した場合は、代行部分は国の厚生年金保険に返還され、国から支給される。

　なお、企業の財政悪化等に伴い、確定給付企業年金を他の制度に移行することなく終了した場合は、残余財産を一時金として受け取るか、企業年金連合会の通算企業年金、確定拠出年金の個人型年金（iDeCo）に移換することができる。個人型年金への移換は、2022年（令和4年）5月から選択可能となった。企業年金連合会の通算企業年金に移換した場合は、新たに掛金を拠出することはできず、連合会が移換された資産を運用して将来年金を受け取ることとなる。一方、確定拠出年金の個人型年金に移換した場合は、新たに掛金を拠出することができ、自分で資産を運用して将来の年金または一時金として受け取ることとなる（個人型年金については、3.（2）個人型年金（個人型DC）参照）。

　また、中小企業退職金共済との間でも、制度間の資産の移換が認められている。1つは、中小企業退職金共済を実施している企業が加入対象企業でなくなった場合の資産の移換で、中小企業退職金共済から確定給付企業年金に資産を移換することができる。もう1つは、合併に伴い実施している企業年金等の制度を1つにまとめる場合の資産の移換で、中小企業退職金共済から確定給付企業年金、あるいは確定給付企業年金から中小企業退職金共済に資産を移換することができる。

⑦　**離転職時等のポータビリティ**

　離転職等による企業年金制度の中途脱退者の脱退一時金を年金化する途を開くことを目的として、企業年金間のポータビリティが拡充されている。

　確定給付企業年金に加入していた者が退職し（中途脱退者）、転職先の確定給付企業年金や確定拠出年金に脱退一時金相当額を移換することができる。また、確定拠出年金の資産を、確定給付企業年金に移換することもできる。

　いずれのポータビリティの場合でも、本人の選択による申出に基づいて行われる。ただし、確定給付企業年金への移換には、移換を受ける側の規約による定めなどが必要である。なお、中途脱退者の範囲は、脱退一時金を受けるための要件を満たす者である。

⑧　**リスク対応掛金**

　「リスク対応掛金」という、あらかじめ将来発生するリスクを測定し、その範囲内で掛金を拠出することが認められている。これにより、財政悪化時の掛金の追加拠出を回避し

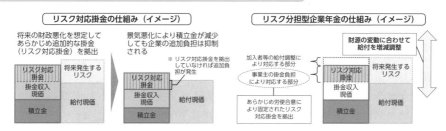

〔図表3-4〕柔軟で弾力的な給付設計の仕組み（イメージ）

出所：厚生労働省

平準的な拠出とすることで、より弾力的な制度運営が可能となっている。制度の導入には労使合意が必要である〔図表3-4〕。

⑨　リスク分担型企業年金

　リスク対応掛金の仕組みを活用し、**将来発生するリスクを、あらかじめ企業の掛金負担により対応する部分**と**加入者の給付調整により対応する部分**に分ける仕組みである。事業主は、通常の確定給付企業年金の掛金に加え、資産価値の変動と予定利率の変動に対応した額を**「リスク対応掛金相当分」としてあらかじめ多めに拠出する**。一方加入者は、リスク対応掛金相当分で賄えない財政悪化が生じた場合に、給付額が減額されるリスクを負う。したがって、**運用結果によっては給付額が増減する可能性がある**。労使合意のもとに導入が認められる。また、資産運用の基本方針の作成等にあたり、加入者の意見を十分に考慮することなどが義務付けられるなど、制度導入後も加入者が適切に意思決定に参加できるための仕組みが設けられている〔図表3-4〕。

❸　確定拠出年金

　確定拠出年金は、事業主（企業）あるいは個人が拠出した掛金を個々人が自己責任で運用し、60歳以降にその運用結果に基づく給付を受け取る年金制度である。個人別管理資産の運用期間中に発生する利息や収益分配金等の運用収益が、年金の給付時まで課税が繰延べされるなどの税制優遇措置が設けられている。確定拠出年金には、事業主が、企業年金として実施する企業型年金と、国民年金基金が個人の自助努力のために実施する個人型年金の2つがある。個人型年金は「iDeCo」の愛称で呼ばれている。

（1）企業型年金（企業型DC）

　企業型年金は、企業が労使合意に基づいて、企業型年金の内容を規定した規約（「企業型年金規約」）を作成し、厚生労働大臣の承認を受けて実施されるものである。

①　加入対象者と拠出額

　企業型年金を実施している事業所の第１号等厚生年金被保険者は加入者となる。つまり、70歳未満の者が対象となる。なお、第１号等厚生年金保険の被保険者とは、第１号厚生年金被保険者（民間会社の従業員）および第４号厚生年金被保険者（私立学校の教職員）のことである。従来は、原則として60歳未満の第１号等厚生年金被保険者が対象であったが、2022年（令和４年）５月１日より70歳未満に拡大された。なお、「一定の資格」を設けることにより、当該資格を有する者のみを加入者とすることができるが、その際には「同一労働同一賃金ガイドライン」の考え方を踏まえなければならない。つまり、職務内容や、職務内容および配置の変更範囲などに照らして、不合理な待遇差を設けることは認められず、加入資格を設ける場合であっても、特定の者について差別的なものであってはならない。

　企業型年金を実施する企業は、企業型年金規約に基づき、各従業員の個人口座に掛金を年１回以上（12月から翌年11月までの12月単位）拠出する。また、加入者が事業主の拠出

〔図表３−５〕企業型年金の拠出限度額（令和６年４月現在）

	拠出限度額 月額（年額）
確定拠出年金以外の企業年金制度^{（※1）}に加入していない企業の従業員	5.5万円（66万円）
確定拠出年金以外の企業年金制度^{（※1）}に加入している企業の従業員	2.75万円（33万円）^{（※2）}

（※１）確定給付企業年金、厚生年金基金など
（※２）2024年（令和６年）12月より、5.5万円−他制度掛金相当額（月額）となる

〔図表３−６〕企業型年金の仕組み

に上乗せして掛金を拠出することもできる（いわゆるマッチング拠出）。事業主および加入者が拠出する掛金の合計額には拠出限度額が設けられている〔図表3−5〕。なお、マッチング拠出においては、「加入者掛金が事業主掛金を超えることはできない」という制約がある。加入者が拠出した掛金は、その全額が小規模企業共済等掛金控除の対象となる。

ａ．確定給付企業年金等に加入している者の場合

月額2.75万円^{（注1）}

ｂ．確定給付企業年金等に加入していない者の場合

月額5.5万円

マッチング拠出を行っていない企業型年金加入者は、個人型年金に同時加入することができる。ただし、企業型年金の事業主掛金は、各月の拠出限度額の範囲内の各月拠出である必要がある。この場合、個人型年金には個人型年金の掛金の拠出限度額の範囲内で、かつ企業型年金の拠出限度額から事業主掛金を控除した額の範囲内の額^{（注2）}を拠出することができる（（2）個人型年金（個人型DC）を参照）。

また、従来は、企業型年金加入者が個人型年金に同時加入できるのは、マッチング拠出を導入していない企業が、企業型年金規約で個人型年金に加入できる旨の定めを設けた場合に限られていたが、2022年（令和4年）10月1日に同時加入の要件が緩和されたことに伴い、この取扱いは廃止された。なお、2024年（令和6年）12月より、確定給付企業年金等に加入している者の拠出限度額は、加入している確定給付企業年金等の掛金を踏まえて算定されるようになる。

注1 2024年（令和6年）12月より、5.5万円−他制度掛金相当額（月額）となる。

注2 2024年（令和6年）12月より、2万円の範囲内で、かつ5.5万円から企業型年金の事業主掛金と他制度掛金相当額を控除した額の範囲内の額となる
※他制度掛金相当額は、確定給付企業年金等の掛金を、加入者ごとに確定拠出年金の事業主掛金に相当する額として算定した額。

②　簡易企業型年金（簡易型DC）

従業員数（厚生年金被保険者数）が300人以下の企業は、制度導入手続が簡便で制度運営も容易な簡易企業型年金を設立することができる。ただし、全従業員の加入が義務付けられるほか、掛金の算定方法は定額のみに限定される。

③　制度運営

確定拠出年金では、制度の運営管理と資産管理の機能が分離されていて、独立した運営管理機関と資産管理機関が設けられている。それらの機関と実施主体の事業主が分担して確定拠出年金制度の運営にあたっている〔図表3−6〕。

　運営管理機関が行う運営管理業務は、記録関連業務（加入者等の属性や個人別管理資産額などに関する事項の記録、保存と通知、加入者等の運用指図の取りまとめおよびその内容の通知、給付の裁定）と運用関連業務（運用方法の選定、運用方法の加入者等に対する提示、運用方法に係る情報の提供）に分けられる。

　なお、確定拠出年金を導入する事業主が、運営管理機関に係る業務の一部または全部を自ら行うこともできる。

　加入者は、自分の資産内容を運営管理機関に随時照会することができ、少なくとも1年に1回は通知を受ける。

　資産管理機関は、拠出された資産を企業財産から分離して保全し、掛金を資産として管理する。加入者が指図した運用商品の売買を加入者に代わってまとめて執行する。また、加入者等に給付金を支給する。企業は信託会社、信託業務を営む金融機関、生損保会社などの中から資産管理機関を選定し、企業型年金規約に基づきその資産管理機関に掛金を拠出限度額の範囲内で、拠出対象となる期間の最後の月の翌月の初日から末日までに納付する。

④　行為準則、禁止行為

　事業主に対して次のような行為準則や禁止行為が規定されている。

a. 法令、処分、企業年金規約を遵守し、加入者等のために忠実にその業務を遂行すること。

b. 個人情報は業務遂行に必要な範囲内で保管、使用すること（本人の同意または正当な事由がある場合はこの限りでない）。

c. 自己または加入者等以外の第三者の利益を図る目的をもって、運営管理業務の委託契約または資産管理契約を締結することや運営管理機関に特定の運用方法を加入者等に提示させることをしてはならない。

　また、運営管理機関に関する主要な禁止行為は次のとおりである。

a. 運用商品の選定等に関し生じた加入者等の損失の補てんや利益の追加のため、財産上の利益を提供してはならない（ただし、自己の責めに帰すべき事故による損失の全部または一部を補てんする場合を除く）。

b. 第三者が特別の利益の提供を受けること等を目的として特定の運用方法を加入者等に提示してはならない。

c. 加入者等に対し、提示した運用方法のうち特定のものを推奨してはならない。特に、加入者の運用に特定の株式や債券を勧める行為は厳に慎まなければならない。

d. 運用方法について不実のことあるいは利益・損失について誤解させるおそれのある

〔図表3－7〕企業型年金の加入者が転職・離職した場合の移換

企業型年金がある企業に転職した場合	転職先の企業型年金に移換する。または、個人型年金に移換して個人型年金加入者となるか個人型年金運用指図者として運用指図のみ行う。
自営業者、専業主婦、公務員になった場合	個人型年金に移換して、個人型年金加入者となるか、個人型年金運用指図者として運用指図のみ行う。
確定拠出年金も確定給付型の企業年金も有していない企業へ転職した場合	
確定給付型の企業年金を実施している企業へ転職した場合	個人型年金に移換して、個人型年金加入者となるか、個人型年金運用指図者として運用指図のみ行う（確定拠出年金からの移換が認められている確定給付企業年金の場合には、確定給付企業年金に移換することもできる）。

第3章

〔図表3－8〕ポータビリティ

		移換先			
		確定給付企業年金	確定拠出年金企業型	確定拠出年金個人型	中小企業退職金共済
移換前	確定給付企業年金	○（※2）	○	○	○（※1）
	確定拠出年金企業型	○（※2）	○	○	○（※1）
	確定拠出年金個人型	○（※2）	○		×
	中小企業退職金共済	○（※1）（※3）	○（※1）（※3）	×	○

（※1）合併等の場合に限る
（※2）移換先の確定給付企業年金の規約で資産移換を受けることができる旨が定められている場合に資産移換可能
（※3）中小企業退職金共済の加入対象企業でなくなった場合に資産移換可能

　　情報を提供し、運用させることをしてはならない。

⑤　離転職時等のポータビリティ

　確定拠出年金の大きな特徴の一つはポータビリティである。企業型年金の加入者が転職または離職した場合には、転職先の制度等に加入者の個人別管理資産を移換するか、もしくは転職先の制度や転職後の状況により個人型年金に移換して、自分の持分である年金資産を受給時まで携行しながら老後に備えることができる〔図表3－7〕。

　企業型年金においては、勤続3年未満で退職した場合には、企業が、資産のうち事業主掛金に相当する部分の全部または一部を返還するよう規約で定めることができる。この場

合は、返還資産額が移換対象となる。返還限度額は、事業主が拠出した元本の額と個人別管理資産のいずれか少ないほうの額である。

なお、他制度からの移換も可能であり、確定給付企業年金の脱退一時金相当額を、企業型年金、個人型年金に移換することができる。また、確定拠出年金の企業型年金・個人型年金の個人別管理資産を確定給付企業年金に移換することも可能である（確定給付企業年金の規約で、確定拠出年金からの移換が認められている場合のみ）。2022年（令和4年）5月1日以後は、企業型年金の個人別管理資産を企業年金連合会の通算企業年金に移換することもできるようになった。

これらの離転職時のポータビリティに加え、中小企業退職金共済を実施している企業が加入対象企業でなくなった場合には、中小企業退職金共済から企業型年金に移換することも可能である。また、合併に伴い、実施している企業年金等の制度を1つにまとめる場合に、中小企業退職金共済から確定拠出年金（企業型年金）、あるいは確定拠出年金（企業型年金）から中小企業退職金共済に資産を移換することも可能である〔図表3-8〕。

(2) 個人型年金（個人型DC）

個人型年金（iDeCo）は、国民年金基金連合会が実施主体となり、個人型年金規約に基づき運営している。個人型年金への加入を希望する者は、国民年金基金連合会に申請することにより（実際には国民年金基金連合会から事務の委託を受けた金融機関に加入申出書を提出することにより）、制度に加入することができる〔図表3-9〕。

① 加入対象者

個人型年金に加入できるのは、国民年金の①第1号被保険者（自営業者等）、②第2号

〔図表3-9〕個人型年金の仕組み

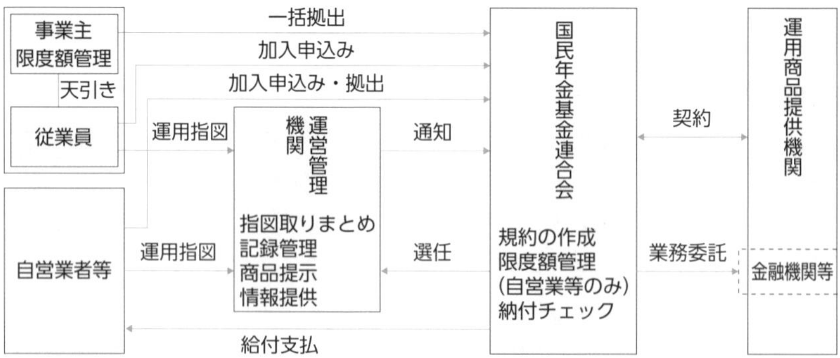

被保険者（民間企業の従業員や公務員等）、③第 3 号被保険者（専業主婦（夫））④任意加入被保険者である。つまり、ほぼ全ての国民年金の被保険者が加入できる。

ただし、①第 1 号被保険者については、国民年金の保険料を免除されている者（障害基礎年金を受給していることにより免除されている者を除く）や、農業者年金の被保険者は加入できない。②第 2 号被保険者については、マッチング拠出を行っている企業型年金加入者は加入できない。④任意加入被保険者については、65歳以上70歳未満の特例による任意加入被保険者は加入できない。

なお、従来は、個人型年金に加入できるのは、60歳未満の国民年金の被保険者に限定されていたが、2022年（令和 4 年） 5 月 1 日より、個人型年金の加入対象者が拡大され、国民年金の第 2 号被保険者や任意加入被保険者については、最長で65歳に達するまでの間、個人型年金に加入できるようになった。また、2022年（令和 4 年）10月 1 日より、企業型年金加入者が個人型年金に同時加入できる要件が緩和され、企業型年金規約の定めによらず、マッチング拠出を行っていない企業型年金加入者は個人型年金に加入できるようになった。

② 拠出額

個人型年金の加入者は、掛金額を限度額の範囲内で任意に決定し、国民年金基金連合会に年 1 回以上定期に拠出することが可能となっている。掛金を年単位で拠出する場合、事前に拠出の年間計画を設定する。この場合、12月分の掛金から翌年11月分までの掛金（納付月は 1 月から12月）の拠出期間を 1 年とする。この 1 年の単位の中で 1 回のみ掛金金額および拠出区分期間を変更することができる。

なお、企業型年金加入者が個人型年金に同時加入する場合は、掛金を年単位で拠出することはできず、各月の拠出限度額の範囲内での各月拠出とする必要がある。

第 2 号加入者（国民年金の第 2 号被保険者）の場合、事業主が加入者の給与から掛金額を天引きし、国民年金基金連合会に払い込むことが認められるが、加入者の掛金に上乗せして事業主が拠出することはできない。ただし、従業員300人以下の中小企業に限り、事業主拠出が認められている（中小事業主掛金納付制度）。

加入者が拠出する掛金には、以下の拠出限度額が設けられている〔図表 3 － 10〕。

ａ．自営業者等（国民年金の第 1 号被保険者、任意加入被保険者）……第 1 号加入者
　　月額6.8万円

ｂ．会社員、公務員（国民年金の第 2 号被保険者）……第 2 号加入者
　ｉ．企業年金等に加入していない者
　　月額2.3万円

〔図表 3 −10〕 個人型年金の拠出限度額

			拠出限度額（月額）
国民年金の 第 1 号被保険者、 任意加入被保険者	自営業者等		6.8万円 （付加保険料または国民年金基金の掛金との合計額）
国民年金の 第 2 号被保険者 （厚生年金保険の被保険者）	会社員	企業型確定拠出年金および他の企業年金（※1）に加入していない企業の従業員	2.3万円
		企業型確定拠出年金加入者 （他の企業年金（※1）に加入していない場合）	2 万円 かつ 企業型年金の事業主掛金との合計が5.5万円
		企業型確定拠出年金加入者 （他の企業年金（※1）に加入している場合）	1.2万円（※2） かつ 企業型年金の事業主掛金との合計が2.75万円
		企業型確定拠出年金以外の企業年金（※1）の加入者	1.2万円（※3）
	公務員等		
国民年金の 第 3 号被保険者	専業主婦等（被扶養配偶者）		2.3万円

（※1） 確定給付企業年金、厚生年金基金など
（※2） 2024年（令和 6 年）12月より、月額 2 万円の範囲内で、かつ5.5万円から企業型年金の事業主掛金と他制度掛金相当額を控除した額の範囲内となる。
（※3） 2024年（令和 6 年）12月より、月額 2 万円の範囲内で、かつ5.5万円から他制度掛金相当額（公務員の場合は共済掛金相当額）を控除した額の範囲内となる。

ⅱ．企業型年金の加入者（確定給付型の企業型年金の加入者でない場合）

月額 2 万円かつ、企業型年金の事業主掛金との合計が月額5.5万円

ⅲ．企業型年金の加入者（確定給付型の企業型年金の加入者である場合）

月額1.2万円かつ、企業型年金の事業主掛金との合計が月額2.75万円（注1）

ⅳ．確定給付型の企業年金のみに加入している者

月額1.2万円（注2）

ⅴ．公務員等

月額1.2万円（注2）

ｃ．専業主婦等（国民年金の第 3 号被保険者）……第 3 号加入者

月額2.3万円

また、2022年（令和 4 年）10月 1 日より、企業型年金加入者が個人型年金に同時加入する場合の拠出限度額について、個人型年金の掛金単体での拠出限度額に加えて、企業型年

〔図表3－11〕制度体系・拠出限度額

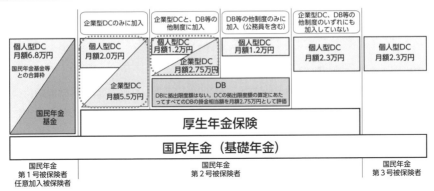

（※）DBには、厚生年金基金・私学共済などを含む。

〔図表3－12〕2024年（令和6年）12月からの制度体系・拠出限度額

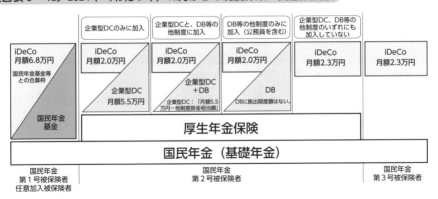

金の事業主掛金と個人型年金の掛金との合計額が企業型年金の拠出限度額以下であること
とする制約が加わった。これは、同時加入の要件が緩和されたことに伴い、企業型年金規
約による同時加入が可能である旨の記載や、企業型年金の拠出限度額を引き下げる取扱い
が廃止されたことによるものである。

なお、2024年（令和6年）12月より、確定給付企業年金等に加入している者の拠出限度
額は、加入している確定給付企業年金等の掛金をふまえて算定されるようになる。

注1 2024年（令和6年）12月より、月額2万円の範囲内で、かつ5.5万円から企業型年金の事業主掛
金と他制度掛金相当額を控除した額の範囲内となる。

注2 2024年（令和6年）12月より、月額2万円の範囲内で、かつ5.5万円から他制度掛金相当額（公務員の場合は共済掛金相当額）を控除した額の範囲内となる。
※他制度掛金相当額は、確定給付企業年金等の掛金を、加入者ごとに確定拠出年金の事業主掛金に相当する額として算定した額。

③ 中小事業主掛金納付制度（iDeCo プラス）

従業員数（第1号厚生年金被保険者数）が300人以下で、企業型年金も確定給付型の企業年金も有していない中小事業主は、個人型年金に加入している従業員の掛金拠出に上乗せして、年1回以上定期的に中小事業主掛金を拠出することが可能である。拠出限度額は加入者掛金と中小事業主掛金を合計して月額2.3万円で、加入者掛金は必ず給与天引きにより納付しなければならない。

拠出対象者については、一定の資格（職種または勤続期間）を定めることができるが、同一職種内または同一範囲の勤続期間内では、対象者全員の中小事業主掛金が同額でなければならない。また、中小事業主掛金の額は、加入者掛金を超える拠出が可能であるが、掛金の全額を中小事業主掛金とすることはできない。なお、中小事業主掛金は、加入者の給与所得の収入金額とはならず、会社側では損金算入ができる（加入者掛金は、小規模企業共済等掛金控除として、本人の所得から控除することができる）。

④ 転職時のポータビリティ

個人型年金における個人の資産（個人別管理資産）は、個人が指定した運営管理機関によって記録管理され、転職などをしてもポータビリティが確保されている。その際に、個人型年金加入者の資産は〔図表3−13〕に示すルールによって移換等される。

なお、企業型年金同様に、確定給付企業年金の脱退一時金相当額を個人型年金に移換す

〔図表3−13〕転職・離職した場合の個人型年金の移換

企業型年金がある企業に転職した場合	転職先の企業型年金に移換する。または引き続き個人型年金加入者となるか個人型年金運用指図者として運用指図のみ行う。
自営業者、専業主婦、公務員になった場合	引き続き個人型年金加入者となるか、個人型年金運用指図者として運用指図のみ行う。
確定拠出年金も確定給付型の企業年金も有していない企業へ転職した場合	
確定給付型の企業年金を実施している企業へ転職した場合	引き続き個人型年金加入者となるか、個人型年金運用指図者として運用指図のみ行う（確定拠出年金からの移換が認められている確定給付企業年金の場合には、確定給付企業年金に移換することもできる）。

ることができる。また、個人型年金の個人別管理資産を確定給付企業年金に移換すること
も可能である（確定給付企業年金の規約で、確定拠出年金からの移換が認められている場
合のみ）〔図表 3 - 8〕。

(3) 運用

① 運用指図

　確定拠出年金では年金資産は、事業主拠出分、加入者拠出分を問わず、運用の指図は加
入者が自ら行う。したがって、運用責任は個人が負うことになる。

　具体的には、加入者は、運営管理機関が提示する**運用商品の中から１つ以上の商品によ
り金額や割合を決め自己責任で運用商品を選択**し、運用指図を行う。運営管理機関は、各
加入者からの運用指図を取りまとめたうえで、企業型年金については資産管理機関に、個
人型年金については国民年金基金連合会（実際は連合会の委託を受けた金融機関）に通知
を行う。これを受けて、資産管理機関または国民年金基金連合会（委託を受けた金融機
関）は、運営管理機関の通知どおりに、個別の運用商品を提供する金融機関と運用に関す
る契約の締結を行い、運用商品の売買を実施する。

　運用責任は個人が負うので、事業主が個々の従業員の意思に反して一括して運用指図す
ることは認められない。運用成果の責任はあくまでも個人にある。

② 運用商品の範囲

　運用商品は、金融商品のうち、預貯金、株式、投資信託、保険商品等である。動産、不
動産、金融先物、商品先物等は運用商品として認められていない。

　運営管理機関は、これらの商品の中から、企業型年金規約または個人型年金規約に定め
る運用商品の範囲に関する基本的方針に従って、リスク・リターン特性の異なる３つ（簡
易企業型年金は２つ）以上の運用商品（元本確保型商品はなくてもよい）を選定し、加入
者に提示する。提供できる運用商品の上限は35本となっている。

　なお、運用指図は、**少なくとも３カ月に１回以上、行えるようにしなければならない**。

③ 情報提供

　運営管理機関は、提示した運用の方法について、加入者が運用指図を行うために必要な
下記のような情報を加入者等に提供しなければならない。

・個別の運用商品のリスク・リターン特性（利益の見込みや損失の可能性等）
・個別の運用商品の資金拠出の単位、利子・配当など利益の分配方法
・個別の運用商品の原則として過去10年間の利益または損失の実績等

(4) 給付

　給付には、老齢給付金、障害給付金および死亡一時金がある。また、制度に加入できなくなった場合は、一定の要件のもとに、脱退一時金の支給を受けることができる。老齢給付金および障害給付金は、原則として年金として支給される。ただし、その全部または一部を一時金として支給することが認められており、年金と一時金の併給も可能である。

　受給資格を得て給付が受けられるときは、加入者が運営管理機関に裁定請求する。運営管理機関は、その請求に基づいて本人の受給資格を確認し、給付の額を裁定する。運営管理機関からの給付裁定の通知に基づいて、企業型年金については資産管理機関、個人型年金については国民年金基金連合会（実際は委託を受けた金融機関）が支給する。

① 老齢給付金

　老齢給付金は、加入者であった者の通算加入者等期間（掛金を拠出する加入者期間と自分の持分資産の運用のみを行う運用指図者期間との合計。確定給付企業年金等の他の企業年金から資産を移換した場合は、通算加入者等期間に通算する）が**10年以上**ある場合には、**60歳**から受給することができる。

　通算加入者等期間が10年未満の場合には、〔図表3－14〕のとおり受給開始年齢が順次遅くなるが、遅くとも65歳から受給することができる。

　受給要件を満たしていれば、加入者であった者が75歳に達するまでの間で受給開始時期を選択することができる。75歳に達しても、老齢給付金の請求をしない場合は、資産管理機関が運営管理機関の裁定に基づいて支給することとなる。

　年金給付の支給期間は、企業型年金規約または個人型年金規約の定めにより、5年以上**20年以下**となる。また、規約に定めを設けることにより、年金の支給開始日の属する月から5年以上経過した場合に、残りの個人別管理資産額を一括して受けることや、個人別管理資産額が過小となった場合に、1回に限り給付額の算定方法を変えることができる。

　老齢給付金の受給権は、本人が死亡したとき、障害給付金の受給権者となったとき、または個人別管理資産がなくなったときは失権する。

〔図表3－14〕支給開始年齢

通算加入者等期間	支給開始年齢	通算加入者等期間	支給開始年齢
10年以上	60歳から受給可	4年以上	63歳から受給可
8年以上	61歳から受給可	2年以上	64歳から受給可
6年以上	62歳から受給可	1月以上	65歳から受給可

② 障害給付金、死亡一時金

障害給付金および死亡一時金は、加入者や運用指図者が高度障害になった場合、および死亡した場合にそれぞれ支給される。

③ 脱退一時金

制度に加入し得なくなった場合で、掛金を拠出した期間が短い場合などは個人型年金から脱退一時金が支給される。ただし以下の要件をすべて満たした場合に限り支給される。

- a．60歳未満であること
- b．企業型年金加入者でないこと
- c．個人型年金の加入対象者でないこと
- d．日本国籍を有する海外居住者でないこと
- e．確定拠出年金の障害給付金の受給者でないこと
- f．通算拠出期間が5年以下または個人別管理資産が25万円以下であること
- g．企業型年金または個人型年金の加入者資格を喪失した日から2年以内に請求すること

なお、2021年（令和3年）4月1日より、通算拠出期間の要件が3年以下から5年以下に緩和された。これは、公的年金の脱退一時金の支給上限の改正に伴うものである。また、2022年（令和4年）5月1日より、「国民年金保険料を免除されていること」という要件に代わり、a．～d．の要件が加わった。これにより、外国人（日本国籍がない者）が帰国した場合に、要件を満たせば脱退一時金を受給できるようになった。

これに対し、企業型年金加入者資格喪失時に、個人別管理資産がきわめて少額（1万5,000円以下）である場合は、加入者資格を喪失した月の属する月の翌月から6カ月以内で、確定拠出年金の加入者でも運用指図者でもなければ、個人型年金に加入できるときでも、企業型年金から脱退一時金を受けることができる。

また、2022年（令和4年）5月1日より、個人型年金の脱退一時金の要件を満たしている場合は、加入者資格を喪失した日の属する月の翌月から6カ月以内であれば、企業型年金から脱退一時金を受けることができるようになった。

なお、脱退一時金は加入者であった者の請求に基づいて支給されるものであるため、請求せずに、運用指図者として運用を続けることも可能である。

実務上のポイント

- 確定拠出年金の老齢給付金を60歳から受給するためには、60歳時点で確定拠出年金の通算加入者等期間が10年以上なければならない。
- 確定拠出年金の個人別管理資産の運用期間中に発生する利息や収益分配金等の運用収益は、年金の給付時まで課税が繰延べされる。
- 企業型年金の加入者が60歳未満で退職して、国民年金の第3号被保険者となった場合、企業型年金の個人別管理資産を個人型年金に移換し、個人型年金の加入者または運用指図者となることができる。

第2節

企業年金類似制度

　退職金や年金を準備するには、前節で解説した企業年金のほかに、各種の退職金共済等を利用する方法がある。また、自営業者等の公的年金を補うものとして、国民年金基金がある。本節では、これらを「企業年金類似制度」と呼ぶこととし、それぞれについてその概要を解説する。

1 中小企業退職金共済制度

　中小企業退職金共済（中退共）は、中小企業退職金共済法に基づいて運営され、単独では退職金制度を持つことがむずかしい中小企業者のための退職金準備制度である〔図表3－15〕。

① 加入対象

　対象となる中小企業者は次の基準に当てはまる企業である。
　a．**一般業種**……従業員数**300人以下**または資本金・出資金3億円以下
　b．卸売業………従業員数100人以下または資本金・出資金1億円以下
　c．**サービス業**…従業員数**100人**以下または資本金・出資金**5,000万円以下**
　d．小売業………従業員数50人以下または資本金・出資金5,000万円以下
　加入にあたっては、原則として、**従業員を全員加入**させなくてはならないが、期間を定

〔図表3－15〕中小企業退職金共済の仕組み

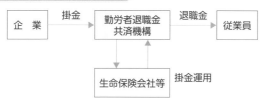

めて雇われている者、試用期間中の者等は加入させなくてもよい。また、同居親族のみを雇用する事業所においても、賃金の支払があるなど、事業主との間に雇用関係が認められれば、加入させることができる。

② 掛金

掛金は事業主の全額負担（従業員が負担することはできない）で、月額**5,000円**から上限**3万円**（1万円未満は1,000円刻み、1万円以上は2,000円刻み）までの16種類から選択できる。なお、短時間労働者は別途、2,000円、3,000円、4,000円を選択することができる。掛金は、原則として法人の場合は全額損金に、個人事業主の場合は全額必要経費に算入することができる。なお、掛金は勤労者退職金共済機構が、生命保険会社などを通して管理運用するもので、運用利息は非課税である。

③ 掛金の助成

新規加入の場合、原則、**加入後4カ月目から1年間、掛金月額の2分の1（従業員ごとに上限5,000円）が助成**される。また、**掛金月額が1万8,000円以下（2万円未満）の従業員の掛金増額の場合、増額月から1年間、掛金増額分の3分の1が助成**される。ただし、同居の親族のみを雇用する事業主は助成の対象外となる。

④ 退職金

退職金は、**退職者に係る掛金月額と掛金納付月数に応じて固定的に定められている基本退職金に、運用収入の状況等に応じて決定される付加退職金を加えた額であり、勤労者退職金共済機構から従業員に直接支払われ、事業主に支払われることはない。また、掛金納付月数が11月以下（12月未満）の場合は支給されず、事業主に掛金が返還されることもない。掛金月数が1年以上2年未満の場合、掛金総額を下回る。2年以上3年6カ月以下の場合、掛金相当額となり、3年7カ月以上で掛金総額を上回り運用収入の状況等などにより付加退職金が加算される。**

退職金の支払いは「一時金払い」「分割払い」および「併用方式」があり、**60歳未満の退職者は退職金の多寡にかかわらず、分割払いを選択することはできない。5年間の全額分割払いを選択するためには、退職した日において60歳以上であり、かつ、退職金の額が80万円以上（10年間の分割払いを選択する場合は150万円以上）であることが必要である。**なお、分割払いは年4回（2月・5月・8月・11月）支払われる。

⑤ 通算制度

従業員が転職するとき、転職後の企業も中退共加入企業である場合には、3年以内に申出をすれば通算して加入できる。転職後の企業が特定退職金共済加入企業である場合も、中退共と特定退職金共済との間で退職金引渡契約が締結されていれば通算することができ

る。

　中退共の加入対象企業でなくなった場合は中退共を継続することはできないが、中退共から確定給付企業年金や確定拠出年金（企業型）、特定退職金共済へ資産移換することができる。

② 特定退職金共済制度

　特定退職金共済（特退共）は、民間の退職金共済事業で、市区町村、商工会議所、都道府県中小企業団体中央会、退職金共済事業を主な目的として設立された一般社団法人などが実施する制度である〔図表3-16〕。

　特定退職金共済の特徴は次のとおりである。

① 他の制度と重複加入が可能

　中小企業退職金共済、確定給付企業年金、確定拠出年金、厚生年金基金と重複して加入することができる。

② 掛金は損金算入

　掛金は事業主のみが負担し、法人の場合は全額損金、個人事業主の場合は全額必要経費として計上できる。

③ 運用利子も非課税

　運用利子も非課税である。

④ 加入・設計が簡単

　加入事業による常用従業員数に制限がない。また、掛金は、従業員ごとに30,000円を上限として1,000円単位で決定することができる。

　加入にあたっては、原則として、従業員を全員加入させなくてはならないが、期間を定めて雇われている者、試用期間中の者等は加入させなくてもよい。

〔図表3-16〕 特定退職金共済の仕組み

⑤ **給付金の種類**

退職年金、退職一時金、遺族一時金および解約手当金がある。

❸ 小規模企業共済制度

小規模企業共済は、小規模企業共済法に基づき1965年（昭和40年）に発足した制度で、いわば「事業主の退職金制度」といえるものである。小規模企業の個人事業主が事業を廃業した場合や、会社等の役員が退任した場合などに、その後の生活の安定や事業の再建などを図るために、小規模企業者が相互扶助の精神に基づき、掛金を拠出する共済制度である。

① **加入対象**

加入資格は以下のとおりである。

a．建設業、製造業、運輸業、サービス業（宿泊業・娯楽業に限る）、不動産業、農業などを営む場合は、常時使用する従業員の数が20人以下の個人事業主または会社の役員

b．商業（卸売業・小売業）、サービス業（宿泊業・娯楽業を除く）を営む場合は、常時使用する従業員の数が5人以下の個人事業主または会社の役員

c．事業に従事する組合員の数が20人以下の企業組合の役員や常時使用する従業員の数が20人以下の協業組合の役員

d．常時使用する従業員の数が20人以下であって、農業の経営を主として行っている農事組合法人の役員

e．常時使用する従業員の数が5人以下の弁護士法人、税理士法人等の士業法人の社員

f．上記a．b．に該当する個人事業主が営む事業の経営に携わる共同経営者（個人事業主1人につき2人まで）。

この制度への加入申込先は、商工会議所、商工会連合会、市町村の商工会、中小企業団体中央会、青色申告会あるいは金融機関の本支店など、中小企業基盤整備機構の業務を取り扱っているところである。

② **掛金**

毎月の掛金は、1,000円から7万円までの範囲内で、500円刻みで選択することができ、理由を問わず加入後に、増額や減額をすることができる。なお、掛金は契約の締結から退職まで続けて納付することが必要だが、所得がない場合や災害に遭遇した場合等、納付が

著しく困難な場合は 6 カ月または12カ月間は掛金の払込みを止めることができる。

掛金は、月払いのほかに、半年払いや年払いから選択し、前納することができ、全額が小規模企業共済等掛金控除として所得金額から控除できる（事業所得の計算上の必要経費とはならない）。なお、掛金を前納した場合、前納減額金を加入者が受け取ることができる。前納減額金の額は、前納月数 1 カ月当たり1,000分の0.9に相当する額であり、毎年 3 月末時点の前納状況で計算し、合計額が5,000円以上になった場合に、その年の 6 月に支払われる。

③　共済金等

共済金等は、支給事由と掛金納付月数の要件を満たした場合に支給される。掛金納付月数が同じでも、共済事由により共済金の額は異なる（共済金A ＞ 共済金B ＞ 準共済金 ＞ 解約手当金）。

「A共済事由」では「共済金A」、「B共済事由」では「共済金B」、「準共済事由」では「準共済金」、「解約事由」では「解約手当金」となる。

各種事由の主なものとして、「A共済事由」には個人事業の廃止や死亡、個人事業の配偶者または子に事業の全部を譲渡、会社等の解散などが該当し、「B共済事由」には65歳以上で180月以上掛金を納付したことによる老齢給付、会社等役員の死亡などが該当し、「準共済事由」には法人成りし、その会社の役員に就任しなかった場合や、役員に就任したが小規模企業者でなくなった場合、会社等役員の退任（疾病・負傷・65歳以上・死亡・解散を除く）などが該当し、「解約事由」には任意解約、12カ月以上の掛金滞納による中小機構による共済契約の解除などが該当する。

共済金の支給額は、掛金月額、掛金納付月数、共済事由ごとにあらかじめ定められた「基本共済金」と、共済資産運用収入等により毎年度算定される「付加共済金」との合計額となる。

共済金A・Bは掛金納付月数が 6 カ月以上、準共済金・解約手当金では掛金納付月数が12カ月以上の場合に支給され、当該月数に満たない場合は掛捨てとなる。共済金等の額は掛金納付月数に応じて政令で定められた額である。解約手当金は、掛金納付月数に応じて、掛金額の80％〜120％相当額となり、掛金納付月数が240月（20年）未満のときは掛金合計額を下回る。

共済金（A、B）は、一括受取りに加え、分割受取り、一括受取りと分割受取りの併用により受け取ることもできる。分割受取りを選択できるのは、共済金等の額が300万円以上（一括受取りと分割受取りの併用の場合は、共済金等の額が330万円以上で、分割で受け取る共済金の額が300万円以上、一括で受け取る共済金の額が30万円以上であること）

で、請求事由が発生した時点で満60歳以上である場合に限られる。分割共済金は10年間または15年間にわたって年 6 回の奇数月に分けて支払われる。

④ 共済契約者貸付

貸付には、一般貸付と一定の条件を満たした場合の特別貸付がある。一般貸付は、納付済掛金の合計額の 7 割から 9 割の範囲内と2,000万円のいずれか少ない額（償還されていない額を除く）の範囲内で10万円以上 5 万円の倍数となる。他の種類の貸付を合わせて2,000万円が上限となる。なお、貸付期間は、貸付金の額により異なるが貸付金の額が505万円以上の場合でも最長60月とされており、担保や保証人は不要である。

⑤ 共済金等の税法上の取扱い

共済金等は、税法上次のように取り扱われる。

共済金等	税法上の取扱い
一括受取り共済金（死亡以外）	退職所得
一括受取り共済金（死亡によるもの）	死亡退職金（相続税の課税対象）
分割共済金	公的年金等の雑所得
準共済金	退職所得
任意解約	一時所得（65歳以上の場合は退職所得）
共同経営者の退任による解約	
中小機構による共済契約の解約	一時所得
法人成りに伴う解約手当金	退職所得

（※）一時所得扱いの解約手当金は、納付した掛金の総額は支出した金額として算入できない。

❹ 国民年金基金制度

国民年金基金制度は自営業者の多様な老後のニーズに応えるとともに、被用者年金を受けられる者との年金格差の是正を目的とした、老齢基礎年金に上乗せする年金を支給する任意加入の制度である。

国民年金基金には全国国民年金基金と 3 つの職能型国民年金基金がある。

(1) 加入員と加入方法

国民年金基金に加入できるのは、20歳以上60歳未満の自営業者など国民年金の第 1 号被

保険者および**任意加入被保険者**（国内に住所を有する**60歳以上65歳未満**の者および海外に居住する20歳以上65歳未満の者）で国民年金保険料を納付している者である。保険料が免除されている者や農業者年金に加入している者は加入できない。また、国民年金基金は国民年金の付加年金を代行しているため、国民年金基金に加入した者は、**付加保険料を別途納付することはできない**。

国民年金基金への加入は任意であるが、**任意脱退は認められていない**。

加入資格を喪失するのは国民年金の第1号被保険者でなくなったときや国民年金の保険料を免除されたとき、農業者年金の被保険者になったときなどである。

国民年金基金への加入は口数制で、**1口目は終身年金**（Ａ型とＢ型の2種類から選択）に必ず加入しなければならないが、**2口目以降は終身年金**のＡ型、Ｂ型および**確定年金**のⅠ型、Ⅱ型、Ⅲ型、Ⅳ型、Ⅴ型の7種類の中から自由に組み合わせることができる（ただし、終身年金の額が全体の半分以上であることが必要）〔図表3－17〕。

(2) 掛金と給付

掛金は加入時の年齢、選択した年金の種類、性別によって異なり、**終身年金は女性のほうが掛金が高い**。加入時の年齢が若いほど低く、また、支給開始年齢、保証期間の有無や長さによっても異なる。

掛金の上限は月額**6万8,000円**で、**全額が社会保険料控除の対象**となる。ただし、確定拠出年金の個人型年金に加入している場合は、確定拠出年金で拠出している掛金の額を控除した額が上限となる。なお、4月から3月までの**1年分の掛金を前納すると、0.1カ月分の掛金が割引される**。

国民年金基金の給付には、老齢年金と遺族一時金があり、障害に関する給付や脱退一時金はない。

終身年金（Ａ型、Ｂ型）は原則として65歳から支給される。**老齢基礎年金の繰上げ支給を請求した場合は、国民年金基金から付加年金相当分の年金が減額されて繰上げ支給される**。なお、年金額が12万円未満のときは年1回、**12万円以上のときは年6回**（偶数月）支給される。

遺族一時金は、保証期間付終身年金（Ａ型）または確定年金に加入していた者が保証期間または確定期間の満了する前（年金受給前も含む）に死亡した場合には残存期間の年金原資相当額が支給される。保証期間がないＢ型の終身年金のみに加入していた者についても、年金受給前の死亡時に限り、1万円が支給される。遺族の範囲は、国民年金の死亡一時金が受けられる遺族と同様で、死亡時に生計を同じくしていた配偶者、子、父母、孫、

〔図表3－17〕 国民年金基金の年金給付

◎保証期間のあるA型は、年金受給前または保証期間中に死亡した場合、遺族に一時金が支給される。

◎50歳未満の者が誕生月以外の月に加入した場合は、加入の翌月から次年齢に達するまでの月数に応じた加算額が支給される。

〈2口目以降〉

◎2口目以降は、終身年金のA型、B型のほか、受給期間が定まっている確定年金のⅠ型、Ⅱ型、Ⅲ型、Ⅳ型、Ⅴ型から選択する。

◎1口目と同様にB型を除き、A型、Ⅰ型、Ⅱ型、Ⅲ型、Ⅳ型、Ⅴ型は、年金受給前または保証期間中に死亡した場合、遺族に一時金が支給される。

◎50歳未満の者が誕生月以外の月に加入した場合は、加入の翌月から次年齢に達するまでの月数に応じた加算額が支給される。

◎掛金上限の6万8,000円（1口目を含む）まで、7種類の給付の型を自由^(※)に組み合わせられる。

（※）確定年金（Ⅰ型、Ⅱ型、Ⅲ型、Ⅳ型、Ⅴ型）の年金額が、終身年金（A型、B型）の年金額（1口目を含む）を超えないように選択。

●掛金の払込期間は、1口目と同様に加入から60歳到達前月まで（60歳以降に加入する場合は、65歳到達前月または、国民年金の任意加入被保険者資格の喪失予定月の前月まで）。

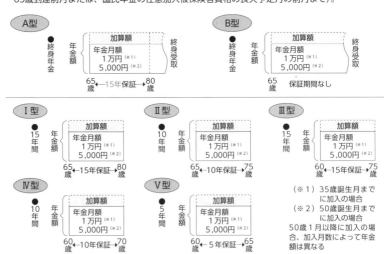

資料：国民年金基金連合会ホームページ

祖父母、兄弟姉妹である。

　なお、老齢年金については公的年金等控除の対象となり、遺族一時金は非課税となっており、公的年金並みの税制優遇措置がある。

実務上のポイント

- 中小企業退職金共済は、原則として従業員を全員加入させなければならない。掛金は事業主が全額負担し、退職金は機構から直接従業員に支払われる。
- 中小企業退職金共済の掛金は、初めて加入する場合、加入後4カ月目から1年間、掛金月額の2分の1（従業員ごとに上限5,000円）が国から助成される。
- 中小企業退職金共済の退職金の受取りは、一時払い、分割払い、両者の併用を選択できるが、全額分割払いを選択するためには、退職日に60歳以上で、退職金の額が5年間の分割の場合は80万円以上、10年間の場合は150万円以上あることが必要である。
- 小規模企業共済の掛金は月額1,000円から7万円で、小規模企業共済等掛金控除（所得控除）の対象となる。掛金月額は、理由を問わず減額することができる。
- 国民年金基金は、国民年金の第1号被保険者（日本国内に住所を有する60歳以上65歳未満の任意加入被保険者および日本国内に住所を有しない20歳以上65歳未満の任意加入被保険者を含む）が加入することができる。
- 国民年金基金の掛金は個人型確定拠出年金と合わせて月額6万8,000円が上限。全額が社会保険料控除の対象となる。
- 国民年金基金への加入は口数制となっており、1口目は終身年金、2口目以降は終身年金または確定年金から加入者が選択する。
- 国民年金基金の加入員は、所定の事由に該当した場合を除き脱退することはできない。

第 4 章

年金と税金

公的年金等に係る税金

① 課税の仕組み

　老齢基礎年金や老齢厚生年金、退職共済年金などの老齢および退職を支給事由とする公的年金は、原則として雑所得として所得税・住民税が総合課税される。一定金額以上の年金の場合には所得税の源泉徴収があるが、給与所得者のような年末調整制度はないため、原則として、確定申告により精算される。また、住民税については給与所得者のように特別徴収（給与天引き方式）ではなく、普通徴収（年4回方式）により納付する。ただし、2009年（平成21年）10月以後の支給分から、65歳以上の年金所得者が受給する老齢年金から一部の市町村等で住民税が特別徴収されている。なお、2013年（平成25年）1月1日から2037年（令和19年）12月31日までの間に支払われる年金について源泉所得税を徴収される際、所得税と合わせて復興特別所得税を納付することになっている。

　障害年金や遺族年金は、非課税となっている。

（1）源泉徴収

　日本年金機構は年金を支払う際に所得税及び復興特別所得税を源泉徴収して、これを税務署に納める。ただし、源泉徴収対象者は支払年金額（年額）が一定以上の者に限られ、158万円以上（65歳未満の者は108万円以上）の者が対象となる。なお、65歳以上であるかどうかは、その年の12月31日の年齢によって判断する。

　158万円（65歳未満の者は108万円）以上の老齢給付を受けている者は、「公的年金等の受給者の扶養親族等申告書」に必要事項を記入して日本年金機構に提出することになっている。この申告書の用紙は、毎年9月頃に日本年金機構から年金受給者に送られる。この扶養親族等申告書を提出すると、年金からの源泉徴収税額は、一定額の基礎的控除額と人的控除額を基に計算される。

(2) 確定申告

　年金受給者は、年末調整がないため、原則として確定申告を行う必要があるが、公的年金等の雑所得のみの方は次のいずれかに該当する場合、源泉徴収税額の還付を受けられる。

①　公的年金等に係る源泉徴収で控除を受けることができなかった雑損控除、医療費控除、社会保険料控除、生命保険料控除などの所得控除や、住宅借入金等特別控除などの税額控除を受けることにより、源泉徴収された税額が納めすぎている場合

②　扶養親族等申告書を提出しなかったために、その年中の公的年金等について源泉徴収された額が納めすぎている場合

　確定申告の提出期限は、確定申告を義務付けられている場合とそれ以外の場合とでは異なり、次のとおりとなる。

ａ．確定申告をしなければならない者

その年の翌年2月16日から3月15日まで

ｂ．確定申告をする義務はないが、確定申告をすれば源泉徴収税額の還付を受けられる者

源泉徴収された年の翌年の1月1日から還付請求権が消滅するまで（5年間）は、いつでも提出することができる

　提出先の税務署は、いずれの場合も、本人の住所地を所轄する税務署である。

　なお、年金に係る源泉徴収票は、翌年の1月31日までに日本年金機構から交付される。

(3) 確定申告不要制度

　2011年（平成23年）分以後、その年の公的年金等の収入が400万円以下で、かつ、その公的年金等の全部が源泉徴収の対象となる場合において公的年金等に係る雑所得以外の他の所得が20万円以下の者については、所得税に係る確定申告による精算を不要とすることができる。

(4) 雑所得の計算

　公的年金等に対しては、前述のとおり雑所得として所得税・住民税が課税されるが、雑所得の計算において、公的年金等の収入金額（源泉所得税控除前）から公的年金等控除額が控除される〔図表4−1〕。

　公的年金等以外に雑所得がある場合、雑所得の金額は次の①と②の合計額となる。

①　公的年金等　　　：公的年金等の収入金額−公的年金等控除額

②　公的年金等以外：総収入金額−必要経費

第4章

〔図表４－１〕 公的年金等控除額の速算表

公的年金等の収入金額（Ａ）	公的年金等控除額		
	公的年金等に係る雑所得以外の所得に係る合計所得金額		
	1,000万円以下	1,000万円超 2,000万円以下	2,000万円超
130（330）万円未満	60 （110） 万円	50 （100） 万円	40 （90） 万円
130（330）万円以上 410万円未満	Ａ×25%＋27.5万円	Ａ×25%＋17.5万円	Ａ×25%＋7.5万円
410万円以上 770万円未満	Ａ×15%＋68.5万円	Ａ×15%＋58.5万円	Ａ×15%＋48.5万円
770万円以上 1,000万円未満	Ａ× 5 %＋145.5万円	Ａ× 5 %＋135.5万円	Ａ× 5 %＋125.5万円
1,000万円以上	195.5万円	185.5万円	175.5万円

（※１） 表中、カッコ内は65歳以上の者の扱いである。
（※２） 受給者の年齢は、受給した年の12月31日現在の年齢で判定する。

実務上のポイント

・公的年金のうち、老齢給付は雑所得として所得税および住民税の課税対象であるが、障害給付、遺族給付は非課税である。

・公的年金等の収入金額が400万円以下で、かつ、その年金以外の他の所得の金額が20万円以下の者について確定申告不要とすることができる。

企業年金に係る税金

　厚生年金基金や確定給付企業年金といった税制適格年金については、税制上の優遇措置が設けられている。また、確定拠出年金についても同様に優遇措置がある。

(1) 厚生年金基金の取扱い

　事業主が負担する厚生年金基金の掛金は法人税法上の損金（個人事業主の場合は、所得税法上の必要経費）に算入され、加入者が負担する掛金については所得税法上の社会保険料控除が適用される。

　給付については、年金給付は雑所得、退職に起因して支給される退職一時金（選択一時金）は退職所得として所得税・住民税が課税される。ただし、遺族一時金は非課税である。年金給付には、公的年金と合わせて公的年金等控除が適用される。

　運用時においては、積立金残高に特別法人税が課税される（2026年（令和8年）3月31日まで凍結）。

(2) 確定給付企業年金の取扱い

　確定給付企業年金においても、事業主の拠出は全額損金（または必要経費）に算入でき、従業員の拠出は生命保険料控除の対象になる。

　給付については、年金、一時金いずれの給付に対しても課税される。年金の場合は公的年金等控除が適用され、退職に起因して支給される退職一時金の場合は退職所得控除が適用される。

　また、積立金には特別法人税が課税される（2026年（令和8年）3月31日まで凍結）。

　なお、企業年金が制度間の移行を行う場合に、年金資産を移換するときは、税制上の非課税措置が継続される。

(3) 確定拠出年金の取扱い

　企業型年金の事業主掛金については、損金（あるいは必要経費）に算入するとともに、

従業員の給与所得とはみなされない。個人型年金の加入者が支払った掛金については、その全額が小規模企業共済等掛金控除として所得控除の対象となるが、確定拠出年金の個人型年金において、加入者である妻の掛金を生計を一にする夫が支払った場合、その掛金は夫の所得控除の対象とならない（妻の所得控除（小規模企業共済等掛金控除）の対象となる）。

給付については以下のとおりの扱いとなっている。

① 老齢給付金

老齢給付金については、年金で受給する場合は、公的年金や確定給付型の企業年金等の給付と合算し、公的年金等控除が適用される。

他方、一時金払いで受給する場合は退職手当等とみなされ、退職所得として課税される。掛金払込期間を退職所得の勤務年数とみなすとともに、他の退職所得との間で退職所得控除の計算の基礎となる勤続年数の計算について所要の調整を行う。

② 障害給付金

障害給付金は、所得税・住民税は課されない。

③ 死亡一時金

死亡一時金については、相続税の対象とされることから、所得税・住民税は課されない。

相続税法上のみなし相続財産（退職手当金等）として相続税の課税対象となるが、「法定相続人の数×500万円」までは非課税扱いとなる。

④ 脱退一時金

中途払戻しとなる脱退一時金は、一時所得として所得税・住民税が課される。

また、運用段階において、特別法人税（凍結中）が毎期の資産残高に課税されるのも他の企業年金と同様である。

なお、確定拠出年金間で年金資産を移換した場合は、一定の手続を前提として税制上の非課税措置が継続される。また、確定給付企業年金等から確定拠出年金へ移行した場合は、移換可能限度額の範囲内における資産の移換は非課税である。

実務上のポイント

- 確定拠出年金の老齢給付金を一時金として受給する場合、その一時金は、退職所得の対象となる。
- 確定拠出年金を年金として受給する場合は、公的年金や確定給付型の企業年金等と合算して、公的年金等控除が適用される。

語句索引

memo

memo

memo

memo

memo